D1142458

Infertilité :

quand Bébé tarde à venir

Marie Charbonniaud

Infertilité :
quand Bébé tarde à venir

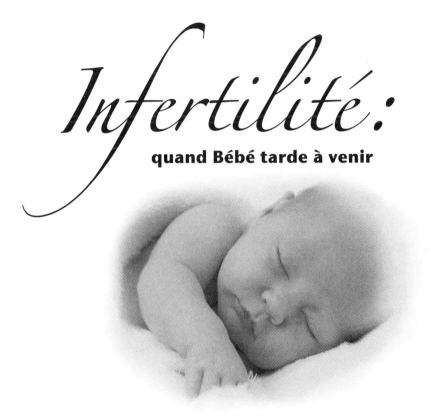

Les Éditions
LOGIQUES

QUEBECOR MEDIA

Catalogage avant publication de Bibliothèque et Archives Canada

Charbonniaud, Marie

    Infertilité : quand bébé tarde à venir

    Comprend des réf. bibliogr.

    ISBN-13 : 978-2-89381-956-3
    ISBN-10 : 2-89381-956-7

    1. Fécondation in vitro - Ouvrages de vulgarisation. 2. Stérilité - Traitement - Ouvrages de vulgarisation. 3. Stérilité - Médecines parallèles - Ouvrages de vulgarisation. I. Titre.

RG135.C42 2006   618.1'780599   C2006-941024-0

Éditrice : Annie Tonneau
Révision linguistique : Carole Mills
Correction d'épreuves : Roger Magini
Mise en pages : André Vallée – Atelier typo Jane et Danielle Péret
Photo de la couverture : Masterfile
Graphisme de la couverture : Antonella Battisti et Tania Jimenez
Photo de l'auteur : François Jauvin

Remerciements
Les Éditions Logiques reconnaissent l'aide financière du gouvernement du Canada par l'entremise du Programme d'aide au développement de l'industrie de l'édition (PADIÉ) pour ses activités d'édition. Nous remercions la Société de développement des entreprises culturelles du Québec (SODEC) du soutien accordé à notre programme de publication. Gouvernement du Québec – Programme de crédit d'impôt pour l'édition de livres – gestion SODEC.

Les Éditions LOGIQUES
7, chemin Bates, Outremont (Québec) H2V 4V7
Téléphone : (514) 849-5259 Télécopieur : (514) 270-3515

Distribution au Canada
Messageries ADP
2315, rue de la Province
Longueuil (Québec) J4G 1G4
Téléphone : 450 640-1234
Sans frais : 1 800 771-3022

Distribution en Belgique
Diffusion Vander
avenue des Volontaires, 321
B-1150 Bruxelles
Téléphone : (32-2) 761-1216
Télécopieur : (32-2) 761-1213

Distribution en France
Casteilla/Chiron
10, rue Léon-Foucault
78184 Saint-Quentin-en-Yvelines
Téléphone : (33) 1 30 14 19 30
Télécopieur : (33) 1 34 60 31 32

Distribution en Suisse
TRANSAT SA
Distribution Servidis s.a.
Chemin des Chalets
CH-1279 Chavannes-de-Bogis
Téléphone : (022) 960-9510
Télécopieur : (022) 776-3527

© Les Éditions Logiques inc., 2006
Dépôt légal – Bibliothèque et Archives nationales du Québec, 2006
ISBN 10 : 2-89381-956-7
ISBN 13 : 978-2-89381-956-3

À Carine,

Et à tous les autres couples
qui auront le courage de vivre et de surmonter,
d'une façon ou d'une autre, leur infertilité.

Table des matières

Remerciements

Un merci tout particulier au Dr Louise Lapensée pour sa précieuse relecture.

Avant-propos

Alors que je venais d'avoir 18 ans, ma sœur entamait sa première fécondation *in vitro* (FIV). Elle avait 32 ans. Ce jour, je m'en souviens surtout comme d'une grande leçon de gynécologie. Mais pour elle, c'était l'aboutissement de six années de combat contre l'infertilité. Elle avait déjà connu une microchirurgie des trompes, plusieurs traitements hormonaux et huit inséminations. En vain. Cette première FIV était donc pleine d'espoir et, miraculeusement, elle a marché. Non sans mal, à vrai dire ! L'annonce de sa grossesse a été suivie d'une « hyperstimulation ovarienne », comme cela arrive près d'une fois sur dix, dans ces cas-là, lorsque le traitement hormonal est trop fortement dosé. Les ovaires deviennent alors énormes et douloureux, l'abdomen se gonfle de liquide, puis les troubles régressent spontanément. Quoi qu'il en soit, la belle Lola est née en juillet 1997, après une grossesse et un accouchement parfaits.

Trois ans plus tard, l'envie d'un deuxième enfant revient en force. Alors on relance la machine. Mai 1999 : deuxième FIV, qui se solde par un échec. Juillet 2000 : troisième FIV, stoppée en pleine ponction ovocytaire, lorsque l'échographe tombe en panne… Impensable, mais vrai ! Janvier 2001 : quatrième FIV. Encore un échec. Puis en 2001, un premier congélateur d'embryons arrive sur le territoire de Nouvelle-Calédonie, où elle vit. Alors le couple retente une dernière fois. En août 2001, cinquième FIV. Tous les espoirs sont permis. Mais c'est encore un échec.

Carine et Jean-Yves sont lessivés. Ils n'en peuvent plus. Les nerfs sont à bout. Les FIV et tous ces traitements hormonaux, c'est terminé. Cela dit, cette fois-ci, neuf embryons sont congelés… Et, même s'ils n'ont aucune envie de retenter quoi que ce soit tout de suite, ils savent qu'une insémination de ces embryons décongelés sera éventuellement possible, un jour, « en cycle naturel ».

Ce qu'ils vont faire, à trois reprises. La troisième sera la bonne. En juillet 2002, les médecins replacent le dernier blastocyste disponible ; c'est-à-dire un embryon âgé de 8 jours. Autant dire que le couple n'a plus vraiment d'espoir. Mais l'embryon s'accroche. Et il s'accroche encore. La grossesse se déroule à merveille. Et neuf mois plus tard, voilà Nina ! 49 cm, 2,790 kg. C'est le premier bébé calédonien né d'un embryon congelé.

Introduction

Pourquoi, à partir du moment où on le désire de tout notre être, un bébé peut-il tarder à venir ? Voici la question qui a inspiré ce guide. Question naïve et à la fois complexe, me direz-vous, presque une question d'enfant ! Effectivement. Parce que, face à l'infertilité, nous sommes tous de grands enfants. La situation est si injuste, si absurde, que nous exigeons une explication. Ne nous a-t-on pas élevés dans l'idée que, nous aussi, un jour, serions parents ? Bien sûr que si. Toutes les petites filles l'ont pensé très fort, à chaque fois qu'elles berçaient leur poupée. Et tous les garçons se sont dit qu'un jour, eux aussi apprendraient à leur fils à pêcher et à patiner.

Parce que le besoin d'enfanter est ancré en nous, dans la plupart des cas. Il répond à un besoin viscéral de transmettre le savoir, de donner de l'amour, de laisser une trace de nous-même. Alors, au nom de quoi la nature nous en priverait-elle ? D'ailleurs, soyons clair : la rencontre d'un spermatozoïde et d'un ovule, est-ce si compliqué ? Qui plus est, dans un moment de plaisir ! Hélas ! Oui, c'est compliqué. Comme tout ce que la nature fait de plus beau. D'une infinie complexité derrière une apparente simplicité.

Le miracle de la fécondation est un enchaînement de dizaines, voire de centaines de petits miracles. Et lorsque l'embryon parvient à s'implanter dans l'utérus, ce n'est qu'après une longue et tumultueuse course d'obstacles, chacun pouvant être à la source d'une infertilité. C'est ce que vous comprendrez tout au long du premier chapitre.

Après cela, il faudra en savoir plus sur la marche à suivre. À partir de quand faut-il consulter? Quels sont les examens pour diagnostiquer l'infertilité? C'est ce que le deuxième chapitre abordera. Vous découvrirez en détail le contenu d'une première consultation pour infertilité, ainsi que tous les examens disponibles pour la comprendre. Le plus souvent, une cause sera trouvée. Mais pour 15 % des couples, les examens se révèleront parfaitement normaux : on parlera d'infertilité inexpliquée. C'est la situation la plus déroutante pour le couple! Elle sera abordée à de nombreuses reprises, car c'est elle qui fait l'objet des recherches les plus poussées.

Ensuite, il sera temps d'analyser les traitements médicaux de l'infertilité. C'est là où les avancées médicales sont les plus impressionnantes; que ce soit en matière de chirurgie, de traitement hormonal, ou bien entendu, de fécondation *in vitro* (FIV). Imaginez-vous qu'à ses débuts, la FIV était indiquée aux seuls couples dont la femme avait les deux trompes bouchées? On ne prélevait qu'un ovule et on ne transférait qu'un unique embryon. En 1978, c'était une révolution. Aujourd'hui, la FIV couvre potentiellement tous les cas d'infertilité masculine et féminine. Et les médecins la maîtrisent de mieux en mieux : ils savent précisément, en fonction de chaque femme, quels médicaments doser pour obtenir entre 5 et 15 ovules; puis, comment faire pour obtenir près de 10 beaux embryons. Les spermatozoïdes de Monsieur sont un peu faibles? Il suffira alors de n'en choisir qu'un, que les médecins aideront à pénétrer dans l'ovule. Et s'ils estiment que l'embryon peut avoir du mal à s'implanter dans l'utérus…

Eh bien, ils aminciront un peu sa coquille, pour maximiser ses chances de s'accrocher. Vous l'aurez deviné : en matière de FIV, le progrès court toujours.

Mais toutes ces prouesses techniques ne suffiront pas, à elles seules, à convaincre un couple de se lancer dans une FIV. Les traitements de l'infertilité sont coûteux, éprouvants, mais surtout aléatoires. La FIV n'est qu'une tentative d'aider le couple à concevoir, pas un gage de réussite. Pour décider « de se lancer ou non », il faudra encore choisir scrupuleusement la bonne clinique, comparer les « taux de réussite » de chacune d'elles, puis préparer soigneusement ses finances.

Enfin, il y a aussi tous les sujets que le médecin n'abordera pas (toujours), et qui font toute l'utilité d'un tel guide. Quels sont les véritables effets secondaires des traitements ? Y a-t-il statistiquement plus de problèmes de santé chez les bébés nés par FIV ? Quels sont les effets des traitements sur la relation de couple, et comment mieux préparer le couple à ce parcours du combattant ? Enfin, y a-t-il des traitements de l'infertilité plus « naturels » ? C'est tout l'objet des chapitres qui suivront.

Et puisque, statistiquement, la majorité des parcours d'infertilité finissent bien, nous terminerons avec de jolies histoires. Certains bébés arrivent après trois FIV. D'autres arrivent entre deux FIV, naturellement. Et d'autres encore arrivent six mois après une adoption. Or, à chaque fois, c'est un petit miracle, auquel il est possible de croire.

Chapitre 1

Faire un bébé :
comment le miracle arrive,
ou pas...

F aire un enfant est simple. Les plus romantiques diront qu'il suffit de s'aimer et de concrétiser cet amour. Les moins romantiques diront que c'est une affaire de quelques minutes, le bon jour et à la bonne heure. Et ils auront tous deux raison ! Le miracle de la conception pourrait se passer de mots. Il mériterait que l'on ne s'occupe de rien, que l'on n'y comprenne rien. Ou encore, à l'image de certains peuples, qu'on lui attribue une histoire : certaines tribus japonaises disaient que l'enfant était apporté par les papillons ; pour les Égyptiens, c'était l'Ibis ; et pour les tribus mélanésiennes, le vent ! Et nous, ne nous a-t-on pas dit que les petites filles naissaient dans les roses, les petits garçons dans les choux ?

En vérité, pendant longtemps, aucun lien n'a été établi entre le rapport sexuel et la grossesse. Ce n'est que vers 1870 que le mécanisme de la conception est scientifiquement découvert, quand le Belge Van Beneden démontre que le spermatozoïde pénètre l'ovule pour former l'embryon. Puis, au gré des découvertes et devant la baisse mondiale de la fertilité des couples, il a bien fallu admettre que c'était plus complexe. Que le miracle de la vie se constitue non pas d'une, de deux, mais d'une centaine d'étapes ; et que chacune est une condition indispensable à la fertilité. D'ailleurs, savez-vous que chez un couple fertile, la probabilité de grossesse n'est que de 25 % par cycle menstruel, même en ayant un rapport sexuel le « bon jour » ? Peu d'entre nous le réalisent. Chaque conception est donc bel et bien un petit miracle.

Mais pour schématiser, voyons les principales conditions d'une grossesse…

- il faut d'abord être en âge de concevoir et en bonne santé générale ;

- il faut ensuite que, lors d'une relation sexuelle complète, le bon jour, un vaillant spermatozoïde atteigne l'utérus puis les trompes de la femme, pour y rencontrer un ovule mature ;

- enfin, il faut que l'embryon nouvellement formé vienne se loger dans un utérus en bonne santé.

La meilleure façon de comprendre la fertilité, et, surtout, l'infertilité, est maintenant de reprendre une à une ces étapes. Au fur et à mesure des explications, vous prendrez conscience du nombre de petits problèmes qui peuvent freiner la fertilité. Vous rencontrerez peut-être des difficultés qui vous concernent ; sinon, vous passerez à « l'étape » suivante.

Parfois, alors que toutes ces étapes fonctionnent bien, le couple ne parvient quand même pas à concevoir un enfant. C'est le cas de 15 % des couples qui consultent pour infertilité. On parle alors d'« infertilité inexpliquée ». Nous en parlerons à la fin de ce chapitre.

AVOIR L'ÂGE ET LA SANTÉ POUR CONCEVOIR

L'âge

La première chose qu'un gynécologue vous dira, lors d'une consultation pour infertilité, c'est qu'on ne peut pas être maman à tout âge ! Avant la puberté, le corps féminin ne produit pas d'ovules matures, et après 50 ans (en moyenne), les ovaires ne les « ovulent » plus. En théorie, il est donc possible d'être enceinte naturellement jusqu'à la ménopause. Mais les statistiques prouvent que plus une femme attend, moins la grossesse est probable. Une femme de moins de 30 ans a une chance sur quatre de concevoir à chaque cycle ; tandis qu'entre 40 et 45 ans, il reste 5 % de chances à chaque cycle. Si bien qu'entre 35 et 40 ans, un tiers des femmes connaissent un problème de fertilité, et plus de la moitié après 40 ans.

Malgré cette horloge biologique, les familles occidentales se forment de plus en plus tard. De plus en plus de couples attendent la trentaine, voire la fin de la trentaine, pour concevoir leur premier enfant, soit à cause de leur carrière, soit parce que le partenaire idéal ne s'est pas présenté avant. Du même coup, l'âge des patientes qui frappent à la porte des cliniques de fertilité augmente aussi. « Pour la première fois, le pourcentage de femmes traitées de plus de 35 ans est supérieur à 50 %. Ceci est très certainement à mettre en parallèle avec le retard de l'âge au premier enfant constaté par les démographes », commentait en 2002 l'Institut Fivnat, qui recense toutes les statistiques de la fécondation *in vitro* (FIV) en France. Même son de cloche du côté de la clinique de fertilité Ovo, à Montréal. « L'âge moyen des femmes qui viennent consulter atteint maintenant 35 ans, et dans la moitié des cas, l'âge est ce qui explique leur infertilité », affirme le Dr François Bissonnette, chef du service

23

d'endocrinologie de la reproduction et infertilité au Centre hospitalier universitaire de l'Université de Montréal (CHUM), et gynécologue auprès de la clinique Ovo.

Pourquoi cette baisse de fertilité chez la femme, beaucoup plus drastique que chez l'homme ? Parce que la femme possède à la naissance une réserve d'ovules qui ne fait que diminuer au cours de sa vie. Avant de naître, à l'état fœtal, elle en possède près de 7 millions ; puis à la naissance, 1 million. Il en restera environ 300 000 au début des règles, vers 13-14 ans ; et parmi ceux-là, seuls 400 à 500 ovules seront ovulés, à raison de un par cycle, entre 13 et 52 ans (en moyenne). Morale de l'histoire : l'ovule fécondé à 38 ans existe depuis la naissance !

Voilà pourquoi la fertilité baisse avec l'âge ; parce que la qualité des ovules « stockés » baisse avec le temps. Ils seront plus nombreux à présenter des anomalies chromosomiques – notamment la trisomie 21 – et les risques de fausse couche seront plus élevés. C'est ce qu'on appelle le syndrome de Down.

Mais ce ne sont là que des chiffres et des moyennes. Vous pouvez, à 45 ans, avoir une bonne « réserve ovarienne » ; et à 25 ans, avoir des ovules fragiles et incapables d'être fécondés (ce qui est heureusement très rare). Dans tous les cas, lors d'une consultation gynécologique, le médecin aura un moyen d'estimer cette réserve ovarienne, c'est-à-dire le nombre de follicules qu'il reste dans vos ovaires. Il demandera un dosage de votre hormone FSH et comptera vos follicules ovariens par échographie.

De leur côté, les hommes ne connaissent pas une baisse aussi rapide de leur fertilité. Ils peuvent même être papa à 90 ans. Pourquoi ? Parce que l'homme fabrique des spermatozoïdes toute sa vie et que sa production hormonale est constante au fil des mois, contrairement à celle des femmes, qui est cyclique. Mais la qualité de ses spermatozoïdes varie quand même un peu avec l'âge, et les statistiques ne l'épargnent pas : un homme de plus de 35 ans a moitié moins de chances de procréer qu'un homme de moins de 25 ans. De même, le «rendement» de sa production de spermatozoïdes commence tranquillement à baisser à partir de 30 ans. D'abord, à cause de la diminution des cellules qui produisent la testostérone (l'hormone mâle), ensuite parce que les maladies et les médicaments qui accompagnent la vieillesse agissent directement sur la quantité et la qualité des spermatozoïdes. Nous y reviendrons. Mais voici d'ores et déjà le premier conseil utile : homme ou femme qui voulez des enfants, ne perdez pas de temps !

La bonne santé générale

La santé influe beaucoup sur la fertilité. Le surpoids ou la maigreur excessive, une alimentation déséquilibrée, les opérations et maladies antérieures, les antécédents familiaux, le mode de vie (le stress, des voyages fréquents, l'excès ou le manque de sport, les différentes consommations) : tout cela peut avoir une incidence directe sur votre fertilité. Par conséquent, si vous êtes concerné par un de ces éléments, il vous sera sûrement recommandé de consacrer plusieurs mois à vous «refaire une santé», préalablement ou parallèlement à votre projet de conception (lire chapitre 8). L'homme infertile n'aura d'ailleurs pas d'autre choix : il faut trois mois à son corps pour fabriquer une nouvelle génération de spermatozoïdes.

L'organisme britannique Foresight a été un des premiers à tester cette approche globale de la fertilité. Pendant trois ans (entre 1990 et 1992), ses équipes ont suivi 367 couples infertiles en tenant compte à la fois des polluants alimentaires et environnementaux, de l'exercice physique et de l'état nutritionnel de ces couples. Le programme incluait, entre autres, une désintoxication alimentaire, la consommation d'aliments biologiques et un traitement des carences nutritionnelles. Au bout de trois ans, 90 % des couples avaient conçu. Et parmi ceux qui avaient déjà tenté une FIV sans succès, 65 % ont conçu naturellement. Il est bien sûr difficile de dire lequel de ces facteurs a le plus joué : l'alimentation, l'environnement, le temps ? Mais les résultats n'en demeurent pas moins surprenants[1].

Parlons maintenant des ennemis connus de la fertilité. Ce sont bien sûr la cigarette, l'alcool, les drogues, les médicaments, et les produits chimiques présents dans l'environnement.

• **Le tabac**

En plus des 50 produits chimiques cancérigènes qu'il contient, toutes les recherches prouvent que le tabac entraîne chez la femme une destruction accélérée des ovules (provoquant en moyenne une ménopause de deux ans plus précoce), qu'il engendre des bébés de plus petit poids, et augmente le risque d'avortement spontané. De façon moins documentée, on l'accuse aussi d'être responsable d'ovulations irrégulières, même de saignements pendant la grossesse. Chez l'homme ? La cigarette est responsable d'anomalies spermatiques plus fréquentes, de densité et mobilité plus faibles des spermatozoïdes, et d'un taux réduit de testostérone. Ces risques augmentant bien sûr avec le nombre de cigarettes fumées.

La dernière importante étude sur le sujet date de 2004. D'après le vaste rapport de la British Medical

---

1. www.foresight-preconception.org.uk/study_preconcareandoutcome.htm

Association[2], toutes causes confondues, les fumeuses courent globalement deux fois plus de risques de devenir infertiles que les autres femmes, en plus d'être plus exposées au cancer du col de l'utérus. Tandis que chez l'homme, il apparaît que la cigarette affecte la qualité du sperme (notamment la nicotine, qui freine la mobilité des spermatozoïdes), mais également l'érection, à cause de l'effet de ses toxines sur la circulation sanguine (notamment le monoxyde de carbone). Et même en faisant appel aux techniques de procréation assistée, les couples fumeurs auraient moins de chances que les autres d'enfanter.

• **L'alcool**

Toutes les études prouvent aussi que moins on boit d'alcool, plus on multiplie nos chances de concevoir. Chez la femme, quelques verres par semaine suffisent à perturber l'hormone prolactine, et donc, tout son équilibre hormonal. L'alcool réduit aussi l'absorption de zinc et d'acide folique, très importants pour la fertilité. Tandis que chez l'homme, deux verres par jour suffiraient à produire des anormalités dans les spermatozoïdes.

• **Les autres drogues**

Nous ne nous attarderons pas sur les drogues, tant les effets sont sévères et nombreux ! Par exemple, la consommation de cocaïne nuit aux trompes de Fallope et cause des anomalies congénitales au fœtus ; tandis que le cannabis, même en quantité modérée, perturbe l'ovulation et a un

---

2. British Medical Association, «Smoking and reproductive life : the impact of smoking on sexual, reproductive and child health», *Board of Science and Education*, février 2004. http://www.bma.org.

effet toxique sur l'œuf et les spermatozoïdes (tant sur leur densité et leur mobilité que sur leur qualité).

• **Les médicaments**

C'est également prouvé : les médicaments ne font jamais bon ménage avec la fertilité. Que ce soient certains antibiotiques, qui affectent la production et la mobilité du sperme ; les antihistaminiques, qui assèchent la muqueuse nasale mais, du même coup, les sécrétions vaginales très utiles de la femme ; les antiacnéïques (par exemple l'Accutane), les diurétiques, les expectorants, les antidépresseurs, les antalgiques ou les somnifères. Du côté des anti-inflammatoires, par exemple, des médicaments comme l'Advil, Aleve, Ibuprofen et Motrin, peuvent interférer avec l'ovulation s'ils sont pris pendant cette période. Le Tylenol, par contre, peut être une alternative. Si vous devez prendre certains médicaments, et que vous essayez d'avoir un bébé, parlez-en à votre médecin et lisez attentivement toutes les notices de vos médicaments.

• **Les produits chimiques de notre environnement**

C'est un des enjeux les plus récents et il passionne les spécialistes de la fertilité. D'année en année, en effet, de plus en plus d'études suggèrent que la baisse de la fertilité, tant masculine que féminine, pourrait être attribuable à notre environnement. Pourquoi ? Parce que l'environnement comprend de nombreux « perturbateurs endocriniens », c'est-à-dire des produits chimiques capables d'imiter les hormones naturelles, de bouleverser notre équilibre hormonal, et donc, d'agir sur notre fertilité. Ces substances agiraient tout à la fois sur la production d'hormones, la production de spermatozoïdes, le cycle féminin et le risque de fausse couche.

Par exemple, des produits comme le plomb, l'arsenic, le mercure ont déjà démontré leur effet néfaste. Mais aussi les produits à base d'éther de glycol, couramment utilisés au sein des entreprises de peinture, d'automobile, d'imprimerie, d'électronique. Fin 2003, des chercheurs américains et canadiens démontraient ainsi que le sperme de mécaniciens exposés au trichloréthylène (TCE), un agent dégraissant volatil très répandu dans les industries automobile et métallurgique, contenait des traces de ce produit !

De même, si les pesticides à base de dibromochloropropane (DBCP) sont aujourd'hui interdits, c'est qu'ils ont été directement responsables de l'infertilité de nombreux cultivateurs (plantation d'agrumes aux États-Unis, bananeraies d'Amérique du Sud).

Or la liste des produits suspects ne fait qu'augmenter, d'année en année. On pointe maintenant du doigt l'exposition au cadmium (présent dans l'eau et dans la fumée de cigarette), ou l'effet hormonal des produits organochlorés, qui se trouvent dans les eaux de consommation. Nous ne sommes donc plus exposés seulement dans nos milieux de travail, mais aussi dans nos jardins et dans nos cuisines. Pour ne prendre qu'un exemple, nous pouvons être exposés aux solvants autant durant nos loisirs que durant le projet de rénovation d'une maison, sans une ventilation adéquate !

Le médecin américain Ted Schettler, une autorité dans le domaine de la santé publique et des contaminants environnementaux, leur a consacré un ouvrage[3]. Vous trouverez à la page 30 un tableau, tiré de son ouvrage, qui résume l'action de certaines substances chimiques.

---

3. Ted Schettler, *Generations at risk : reproductive health and the environment*, MIT Press, 1999.

TABLEAU 1

Certains produits chimiques et leurs effets sur la fertilité

AGENT (EXPOSITION)	Impacts sur la femme	Impacts sur l'homme
Alcool (éthanol)	Irrégularités du cycle menstruel.	
Perchloroéthylène (industrie textile, nettoyage à sec, décapants peintures…)	Baisse de fertilité, fausse couche.	
Toluène (encres, finitions, gazoline, cosmétiques, colles…)	Baisse de fertilité, fausse couche.	Troubles hormonaux et baisse de la quantité de spermatozoïdes ; fausse couche chez la conjointe.
Styrène (plastiques, résines, caoutchouc…)	Irrégularités du cycle menstruel, baisse de fertilité, troubles hormonaux.	Baisse de la quantité de spermatozoïdes.
Formaldéhyde (mousses isolantes, laques, colles, vernis, encres, résines, papier, produits ménagers, pesticides, contreplaqués…)	Irrégularités du cycle menstruel, baisse de fertilité, fausse couche.	
Éthers de glycol (produits ménagers, peintures murales ou d'artistes, colles et vernis, agents d'entretien de la voiture, désodorisants, produits cosmétiques et médicaments…)	Fausse couche, infertilité.	Baisse de la quantité de spermatozoïdes.

TABLEAU 1

Certains produits chimiques et leurs effets sur la fertilité (*suite*)

AGENT (EXPOSITION)	Impacts sur la femme	Impacts sur l'homme
Mercure (dentisterie, fabrication de céramique, de bijoux, lampes, piles, pesticides, produits photographiques, soudure, industrie de la pêche...)	Infertilité, fausse couche, irrégularités du cycle menstruel.	Malformations des spermatozoïdes ; fausse couche chez la conjointe.
Oxyde d'éthylène (antibactérien, stérilisant utilisé en médecine et dentisterie...)	Fausse couche.	Fausse couche chez la conjointe.
Plomb (peintures, piles, électronique, céramiques, bijouterie, imprimerie, munitions, plastique PVC...)	Fauche couche.	Baisse de la quantité et de la qualité des spermatozoïdes. Infertilité.
Hydrocarbures chlorés (pesticides, conservateurs de bois)	Fausse couche, infertilité.	
Pesticides	Fausse couche.	Diminution du nombre de spermatozoïdes (DBCP, EDB), retard de fertilité.

31

Pour autant, il ne faut pas s'inquiéter outre mesure. Ces produits agissent sur la fertilité lorsqu'ils sont concentrés et qu'on les côtoie dans un laps de temps prolongé. Et puisqu'il est très difficile de quantifier ces « hautes doses » et ce « temps prolongé », le mieux reste de consulter des organismes spécialisés en sécurité sanitaire, comme il en existe dans tous les pays. Au Québec par exemple, la Commission de la santé et de la sécurité du travail, la CSST, met à la disposition du public un répertoire toxicologique pour informer de tous les produits chimiques et de leurs effets ; et chacun est en droit de refuser de travailler au contact de toute substance qui nuirait à la fertilité. (http://www.reptox.csst.qc.ca/).

UNE RELATION SEXUELLE

C'est une banalité, mais il faut bien le rappeler : avoir un enfant de façon naturelle implique une relation sexuelle entre un homme et une femme. Avec pour conséquence l'évidence suivante : tout ce qui vient troubler ou empêcher la bonne sexualité d'un couple aura une incidence sur sa fertilité.

Ce peut être, tout simplement, une fréquence trop faible des relations sexuelles. Dites-vous que la femme n'est « fécondable » que 15 heures par mois (temps précis où l'ovule attend l'arrivée d'un spermatozoïde) et les probabilités de fécondation, à ce moment-là, ne sont que de 25 % pour un couple fertile. Autant dire que faire un bébé nécessite que l'on s'en donne les moyens !

Aussi, vous vous demandez sûrement : à quelle fréquence faut-il faire l'amour pour concevoir rapidement ? De l'avis général des médecins, deux à trois fois par semaine suffisent. Mais rappelez-vous que les relations sexuelles ne servent pas qu'à faire des bébés et que, idéalement, il ne faudrait pas se limiter à la période d'ovulation. Car on sait que beaucoup de femmes sont fécondées en dehors de la période dite fertile, le plus souvent à cause d'une ovulation plus tôt ou plus tard que prévu.

Ensuite, si vous le leur demandez, tous les médecins vous diront qu'il n'existe pas de technique ou de position sexuelle plus performante que les autres pour la fécondation. Inutile, par exemple, que la femme reste allongée ou fasse « la chandelle » (jambes et dos recourbés vers le haut) après le rapport sexuel, comme beaucoup le croient encore. Ce qui compte avant tout, en plus du bon moment, c'est que l'acte sexuel soit abouti, c'est-à-dire qu'il permette la rencontre entre un spermatozoïde et un ovule.

Du côté de la femme, peu de circonstances peuvent empêcher cette rencontre, à partir du moment où elle désire la relation sexuelle. Seuls les cas de vaginite ou de vestibulite vulvaire, deux affections du sexe féminin, peuvent rendre la relation très douloureuse et donc empêcher toute pénétration. Il faudra alors qu'elle consulte un spécialiste en gynécologie.

En fait, le plus fréquemment, c'est sur les épaules de l'homme que repose la réussite d'une relation sexuelle «fécondante». Car, bien que la taille du pénis n'ait aucune incidence sur la fertilité, l'érection, la pénétration et l'éjaculation sont nécessaires au dépôt de sperme dans le vagin. Or, chacune de ces étapes peut être perturbée.

Les troubles de l'érection

Causes

L'érection est provoquée par l'afflux de sang dans le pénis, au moment de l'excitation sexuelle. Mais si le pénis n'arrive pas à l'état d'érection, la pénétration est impossible. Dans la majorité des cas, le trouble de l'érection est d'origine psychogène (stress, anxiété, dépression, absence de désir, conflits) et se réglera, si l'homme s'y sent prêt, par un soutien psychothérapeutique. Mais des problèmes de santé peuvent aussi être en cause. Par exemple : une affection neurologique, l'athérosclérose (épaississement et durcissement des artères), l'hypertension artérielle, l'excès de cholestérol ou le diabète, puisque ces derniers troubles diminuent l'arrivée du sang dans le pénis. Certains médicaments, également, peuvent être en cause : somnifères, antidépresseurs, médicaments pour le traitement de l'hypertension, de l'ulcère à l'estomac, de l'épilepsie ; enfin certains diurétiques ou certains hypolipémiants. Enfin, on l'a vu, l'abus de tabac, d'alcool ou de stupéfiants peut avoir les mêmes effets.

Traitement

Un travail psychologique ou une psychothérapie suffiront parfois à régler le problème. Sinon, certains médicaments pouvant agir en augmentant le flux sanguin au niveau du pénis, ou alors, au niveau du système nerveux central, en stimulant les zones responsables de l'excitation sexuelle. En dernier recours, l'insémination artificielle ou une fécondation *in vitro*, après prélèvement de sperme dans l'épididyme, surmonteront cet obstacle (lire chapitre 2).

Les troubles de l'éjaculation

L'éjaculation est un processus réflexe qui se produit lorsque l'excitation sexuelle dépasse un certain seuil. Mais parfois, elle est «prématurée» quand elle échappe totalement au contrôle volontaire et arrive trop vite, avant même la pénétration. Dans ce cas, aucun sperme ne se dépose dans le vagin et la fécondation est bien sûr impossible. Dans des cas plus rares, malgré un acte sexuel satisfaisant, l'homme n'éjacule pas : on parle alors d'anéjaculation.

Causes

L'éjaculation précoce concerne près d'un tiers des hommes, de façon plus ou moins fréquente. Ces hommes ont une excitabilité plus importante que les autres et n'arrivent pas à repérer les sensations prémonitoires de l'orgasme qui sont à la base de son contrôle. Les causes sont donc presque toujours d'origine psychologique, même si certaines recherches démontrent aussi le rôle des neuro-transmetteurs centraux. En cas d'anéjaculation, par contre, il s'agit le plus souvent d'un mauvais fonctionnement du carrefour prostatique, qui régule l'arrivée de l'urine ou du sperme dans le pénis. En fait, il y a éjaculation mais elle est « rétrograde » : au lieu d'aller vers la partie externe du pénis, elle se dirige vers la vessie. Cela n'empêche en rien les sensations de l'orgasme, mais la fécondation est impossible. Ce problème survient parfois après des interventions chirurgicales sur la prostate ou la vessie ; il peut également être lié à des troubles neurologiques ou à la prise de certains médicaments. Enfin, très rarement, une absence du canal déférent (tube reliant les testicules au pénis) empêche l'éjaculation. C'est une maladie congénitale (appelée ACBCD, pour « Absence congénitale bilatérale de canal déférent »), souvent liée au gène de la fibrose kystique, qu'il faudra dépister pour éviter qu'il ne se transmette.

Traitement

En cas d'anéjaculation, si des spermatozoïdes existent dans l'épididyme, ils pourront être prélevés par chirurgie et inséminés *in vitro* (FIV). En cas d'éjaculation précoce, une psychothérapie et/ou une insémination artificielle seront proposées.

LE JOUR OPTIMAL POUR CONCEVOIR

Plus que la fréquence des rapports sexuels, c'est surtout le moment d'une relation sexuelle qui est important si l'on souhaite concevoir. Quels jours précisément? Les deux jours précédant l'ovulation et le jour même. Ce sont les plus favorables, puisque les spermatozoïdes gardent leur pouvoir fécondant environ 48 heures à partir du rapport sexuel, voire même cinq jours, s'ils arrivent à survivre dans le mucus (glaire cervicale). Des rapports sexuels deux ou trois fois par semaine, la bonne semaine du cycle, seront donc amplement suffisants. D'ailleurs, la femme ovule-t-elle toujours le 14e jour? Pas forcément. Cela dépend de son cycle menstruel, mais aussi de tout autre évènement qui aura pu perturber temporairement son cycle. Beaucoup de femmes sont ainsi fécondées en dehors de la période dite fertile, à cause d'une ovulation «hâtive» ou «tardive». Cela peut même aller jusqu'à quinze jours de décalage, dans le cas d'une ovulation tardive! Si vous en avez la possibilité, ne limitez donc pas les relations sexuelles aux quelques jours qui entourent la période d'ovulation.

Comprendre le cycle menstruel féminin

Le cycle féminin se répète tous les 28 jours environ, de la puberté à la ménopause, soit de 13 à 52 ans en moyenne.

Il commence à chaque début de règles, grâce à un beau mécanisme entièrement téléguidé par le cerveau. L'hypothalamus, véritable centre de contrôle du cerveau, envoie des messages sous la forme d'hormone (GnRH) à l'hypophyse, une petite glande du cerveau. Puis l'hypophyse produit à son tour deux hormones destinées aux ovaires : la FSH (hormone folliculo-stimulante) et la LH (hormone lutéinisante). Tous ces « messages » sont à la base du cycle menstruel, et le moindre bouleversement (un stress, une émotion) pourra agir sur l'ovulation, donc sur la fécondité. Nous y reviendrons.

TABLEAU 2

Le fonctionnement des hormones féminines

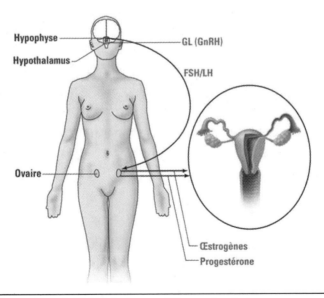

Crédit : Illustrations GCT II Solutions and Enterprises Ltd.

Le cycle comporte deux phases principales : avant l'ovulation et après. L'ovulation se situe au milieu du cycle, soit autour du 14e jour d'un cycle de 28 jours. Mais elle peut aussi avoir lieu le 15e ou le 16e jour, si le cycle dure 29 ou 30 jours. La première phase est en fait assez extensible, selon les femmes : elle peut varier de 13 à 18 jours. Tandis que la seconde phase, après l'ovulation, dure généralement 14 jours. Finalement, chaque femme aura son propre cycle, qu'elle peut apprendre a connaître en complétant tous les matins sa courbe de température (pour plus de détails sur la courbe de température, lire p. 42).

- **La première phase du cycle : la phase folliculaire**

La phase « folliculaire », du 1er au 14e jour environ, se déroule à l'intérieur d'un des deux ovaires de la femme. Chaque ovaire, de la taille d'une grosse amande (1 cm d'épaisseur, 4 cm de long, 2 cm de large) contient de nombreux follicules, qui sont autant de petits sacs à l'intérieur desquels peuvent se développer un ovule. Au début de chaque cycle, sous l'action de l'hormone FSH envoyée par l'hypophyse (elle-même stimulée par les gonadotrophines de l'hypothalamus), plusieurs dizaines de follicules vont commencer à grossir dans l'un des deux ovaires. Puis à la fin de cette première phase, lorsque l'hypophyse réduira sa production de FSH, tous vont s'atrophier à l'exception d'un seul : c'est le follicule dominant. À l'intérieur, baigne un petit ovule.

Pendant toute la première partie du cycle, ce follicule va sécréter à son tour une hormone très importante : l'œstradiol (qui est un œstrogène). On l'appelle aussi « hormone de la féminité » : c'est elle qui féminise le corps de l'adolescente pour lui donner un corps de femme. Pendant le cycle, son rôle est triple :

- elle fait mûrir l'ovule ;

- elle permet à la muqueuse de l'utérus de se reconstituer après son « élimination » par les règles, afin de le préparer à l'accueil d'un éventuel embryon ;
- elle agit sur la « glaire cervicale », cette sécrétion translucide produite par les glandes de l'utérus qui joue un rôle très important dans la fertilité (nous y reviendrons).

Si bien qu'à la fin de la première phase du cycle (12e, 13e jour), le follicule dominant mesure de 2 à 3 cm de diamètre. À l'intérieur, l'ovule mûrit jusqu'à former une petite bosse sur les parois de l'ovaire. Puis vers le 13e ou le 14e jour, sous l'action de l'hormone lutéinisante (LH) envoyée en masse par le cerveau, le follicule et l'ovaire se rompent et laissent échapper l'ovule. C'est l'ovulation. Elle se produit environ 36 heures après la décharge de LH.

L'ovule est une grosse cellule sphérique, avec un diamètre d'un dixième de millimètre, soit un demi-grain de sable. Il est en

TABLEAU 3

L'ovaire et ses follicules, à différents stades

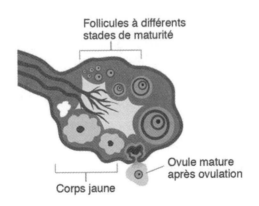

Crédit : 2006, Infograf.

principe libéré en alternance d'un mois à l'autre, soit par l'ovaire droit, soit par le gauche. En principe, un seul est produit à la fois, mais exceptionnellement, l'ovaire peut produire deux ou trois ovules d'un coup : c'est ce qui explique les grossesses multiples de faux jumeaux qui surviennent naturellement.

Une fois expulsé, l'ovule est recueilli par le pavillon de la trompe pour être entraîné dans la partie distale de la trompe (partie supérieure). C'est là qu'il attendra, pendant 12 heures et jusqu'à 24 heures au maximum, l'arrivée d'un spermatozoïde.

Pour être mature et fécondable, cet ovule doit posséder son «globule polaire», une sorte de petite vésicule qui possède la moitié de ses chromosomes. L'autre moitié, il s'en est séparé dans l'ovaire, pour être prêt à accueillir les chromosomes du spermatozoïde. Mais parfois, il ne possède pas de globule polaire. Il est alors immature et ne pourra pas être fécondé. Cela arrive parfois au moment de la stimulation d'un cycle (lors d'une FIV) et l'on s'en rendra compte au moment de la ponction.

- **La seconde phase du cycle : la phase lutéale**

Qu'il y ait fécondation ou non, l'ovaire cicatrise et le follicule vide se transforme en «corps jaune», une petite glande qui va produire à son tour une hormone très importante : la progestérone. Responsable de l'augmentation de la température du corps, cette hormone «de la maternité» jouera trois rôles importants :

- elle va terminer de préparer la muqueuse utérine pour l'éventuel accueil de l'embryon : la muqueuse va se creuser en de profonds replis pour aider la nidation ;
- elle va bloquer toute nouvelle ovulation, pendant au moins deux semaines ;

TABLEAU 4

Le cycle menstruel féminin et les hormones

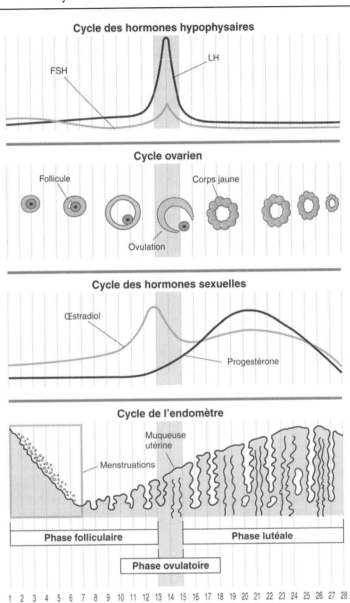

Crédit : 2006, Infograf.

- elle va interrompre la sécrétion des glandes du col : la glaire existante se transforme, se coagule, et sera désormais imperméable aux spermatozoïdes jusqu'à la fin du cycle.

S'il y a eu fécondation, l'embryon vient s'accrocher, le col de l'utérus se ferme et le niveau de progestérone est maintenu, empêchant la production de nouvelles règles. S'il n'y a pas fécondation, l'ovule est « réabsorbé » par le corps le lendemain de l'ovulation, le corps jaune disparaît progressivement, et, en l'absence d'hormone hCG (pour *human Chorionic Gonadotropin*), dégagée par un embryon, la production de progestérone diminuera. La muqueuse utérine cesse alors de se développer et, gorgée de sang, elle se désagrège : c'est l'apparition des nouvelles règles et du nouveau cycle. La durée des saignements dure en moyenne de cinq à sept jours, l'essentiel du flux s'évacuant le premier jour. Les deux derniers tiers se décomposent progressivement.

Comment reconnaître sa phase fertile ?

Il y a plusieurs méthodes pour interpréter les signes de fertilité de son corps et situer le jour précis de son ovulation.

• Faire sa « courbe de température »

Dans un cycle menstruel, la température corporelle s'élève d'environ un demi-degré le jour suivant l'ovulation, sous l'action de la progestérone (de 36,7° C à 37,2° C en général, ou encore de 36,5° C à 37° C, sachant que seul le décalage compte vraiment). Il y a donc deux « plateaux thermiques » : celui d'avant l'ovulation, toujours plus bas, et celui d'après. En surveillant quotidiennement la température dès le premier jour du cycle, ou au minimum à partir du 6e jour, il est possible de cerner le moment de l'ovulation.

L'ovulation se situe au point le plus bas de la courbe, juste avant le décalage vers le haut de la courbe de température. La durée de cette élévation est normalement comprise entre 12 et 14 jours (jusqu'au début des règles suivantes), mais peut être plus courte en cas d'anomalie. Ainsi, si vous consultez pour infertilité, le médecin vous demandera certainement de la noter pour le premier cycle, afin de vérifier qu'il y a bien eu ovulation.

Une fois plusieurs courbes notées et l'ovulation repérée, de nombreuses femmes utilisent cette méthode comme une méthode naturelle de contraception. Elles se protégeront alors trois jours avant et trois jours après la date habituelle de leur ovulation, pour se garder une marge de sécurité. Mais d'autres l'utilisent à l'inverse pour mieux cibler le jour de leur ovulation et multiplier leurs chances de concevoir. Les rapports sexuels, idéalement, devront avoir lieu juste avant l'élévation de la température.

Du coup, la méthode sera surtout utile aux femmes très «régulières», qui ovulent presque toujours le même jour. «Pour celles dont les cycles sont moins réguliers, explique Louise Lapensée, gynécologue à la Clinique Ovo de Montréal, elles sont potentiellement fertiles tant que la température ne monte pas, mais lorsque la température monte, il est déjà trop tard puisque l'ovule ne vit que 24 heures!»

Enfin, d'autres femmes apprécieront beaucoup cette méthode pour détecter une grossesse de façon précoce. En effet, en cas de grossesse, la température reste élevée plus de 14 jours.

Comment faire sa courbe de température? Dès le premier jour des règles, prenez votre température buccale chaque matin au lever, avant même d'avoir bu ou mangé; puis reportez-la sur un graphique. Des graphiques vierges sont souvent distribués par les médecins, par les pharmaciens, ou peuvent même être dénichés sur Internet.

Bien sûr, la température sera sensible à la moindre grippe ou à tout autre épisode infectieux. De même, une nuit de fête, un décalage d'horaire consécutif à un voyage sont susceptibles d'agir sur le cycle ovarien et sur la température. Il est donc important de noter sur le graphique tous ces facteurs inhabituels.

- **Observer ses sécrétions cervicales (ou glaire cervicale)**

La glaire cervicale, sécrétion produite par le col de l'utérus, change d'aspect tout au long du cycle et donne donc beaucoup d'indications sur les phases du cycle, notamment sur la période fertile. Comment la repérer ? Juste après les règles, mais également à la fin du cycle, elle est quasiment absente et le vagin est presque sec. Quelques jours plus tard (entre le 10e et 12e jour), elle apparaît enfin, moite, blanche, trouble et collante. Ainsi faite, elle est une barrière impénétrable aux spermatozoïdes. Par contre, au milieu du cycle et pendant la période fertile (du 13e au 15e jour), l'entrée du vagin est humide et la glaire devient filante, transparente, mouillée. Vous pourrez même la saisir entre le pouce et l'index pour vérifier cet aspect filant, et, ces mêmes jours, vous observerez sûrement des sécrétions glissantes sur vos sous-vêtements. C'est grâce à cette glaire fertile que les spermatozoïdes pourront survivre et atteindre l'ovule, et c'est précisément ces jours-ci que le rapport sexuel devra avoir lieu pour être fécondant. En général, deux ou trois cycles seront nécessaires pour « faire connaissance » avec la glaire cervicale et arriver à l'évaluer. Mais c'est un des indicateurs les plus fiables de la période de fertilité, associée à la prise de température corporelle.

- **Utiliser un test d'ovulation**

Enfin, dans toutes les bonnes pharmacies, on peut se procurer des tests d'ovulation. Ces tests, de plus en plus fiables, mesurent le pic de l'hormone LH qui a lieu juste avant l'ovulation. Ce sont en général des bâtonnets que l'on trempe dans l'urine concentrée. Si le bâtonnet se colore, cela signifie que l'ovulation aura lieu (en principe) dans les 24 heures qui suivent.

Les troubles de l'ovulation et les déséquilibres hormonaux

Les hormones sont des milliers de petits messages chimiques créés par le cerveau et quelques glandes spécifiques, puis véhiculés par le sang pour agir sur différents organes et processus physiologiques. Notamment : sur l'utérus, les menstruations, les ovaires, les seins, les testicules et la production de sperme. Et toute perturbation de cet « axe endocrinien » entre le cerveau et les organes pourra avoir une petite incidence sur la fertilité masculine ou les cycles féminins.

Si vos menstruations reviennent à intervalles réguliers de 24 à 35 jours, il est presque certain que vous ovulez. Par contre, si vos cycles sont très irréguliers, très courts ou même absents, c'est signe d'un problème ovulatoire. Vos ovaires ne parviennent pas à fournir un ovule mature. Cela concerne environ 15 % des infertilités féminines.

Le dérèglement hormonal

Dans certains cas, l'hypophyse ou l'hypothalamus ne produisent pas les hormones indispensables au bon déroulement de l'ovulation, sur une plus ou moins longue période (notamment la GnRH, nécessaire à la sécrétion de LH et de FSH). Cela peut faire suite à une période de stress, une prise de poids importante, une maigreur extrême due à trop de restrictions alimentaires, un entraînement sportif excessif, voire de longs voyages en avion. Car tous ces éléments agissent sur l'axe endocrinien entre le cerveau et les ovaires, donc sur le fonctionnement des hormones. L'excès de poids, par exemple, fait augmenter le taux d'œstrogène et peut empêcher l'ovulation[4]. Tandis que la maigreur (plus de 15 % en deçà du poids recommandé) entraîne souvent une chute du taux d'œstrogène et un trouble des menstruations. Mais d'autres causes peuvent perturber le cycle. Par exemple, une pathologie qui affecte directement les glandes, comme l'hyperthyroïdie.

La ménopause prématurée

Certaines femmes n'ovulent pas parce qu'elles ont tout simplement épuisé la réserve d'ovules restant dans leurs ovaires. Si elles ont moins de 40 ans, on parlera alors de « ménopause prématurée ». Mais il peut y avoir beaucoup de raisons à cela : une chimiothérapie, une radiothérapie, une anomalie génétique, etc.

Le syndrome des ovaires polykystiques (SOPK), ou syndrome de Stein-Léventhal

Dans ce cas, les ovaires fabriquent des kystes au lieu d'œufs matures et plusieurs petits kystes apparaissent donc à l'échographie (souvent moins de 8 mm), dispersés à la périphérie de l'ovaire. Les femmes concernées ont en général des

---

4. A. Farrow, M.R.G. Hull, *Human reproduction,* vol. 17, 2002, 2754-61.

règles irrégulières ou absentes, une pilosité abondante, des problèmes de peau (peau grasse, acné) et souffrent souvent d'obésité (pour 50 % d'entre elles). Mais elles peuvent aussi souffrir de cette affection sans en avoir les symptômes (pour le traitement du SOPK, lire chapitre 8).

L'arrêt de la pilule contraceptive

L'arrêt de la pilule peut avoir une influence sur la reprise normale du cycle ovarien. Si bien qu'il est impossible de prévoir avec certitude le laps de temps nécessaire à l'obtention d'une grossesse après l'arrêt d'un contraceptif oral. Mais il semblerait, contre toute attente, qu'une période de haute fertilité suive l'arrêt des pilules modernes. Des études récentes indiquent que les taux de conception sont supérieurs à la moyenne juste après l'arrêt, avant de chuter ensuite considérablement et de revenir à la normale après seulement 18 mois.

Comment dépister ces troubles de l'ovulation ?

Un test sanguin, prescrit entre le 1er et le 3e jour du cycle, peut mesurer le niveau général des hormones, puis un second sera prescrit sept jours après le jour soupçonné de l'ovulation, pour mesurer le taux de progestérone (la progestérone est produite par l'ovaire après une ovulation normale). Suite à cela, le médecin pourra mettre au point le traitement hormonal approprié. Par contre, chez les femmes qui n'ovulent presque jamais, le test devient impossible en pratique. Le médecin vérifiera alors les hormones TSH, PRL, FSH et parfois les hormones mâles, peu importe le jour. Tandis que, chez les femmes aux ovaires polykystiques, il ajoutera souvent un dépistage de diabète, de même qu'un bilan lipidique.

Mais, dans tous les cas, le traitement consistera à stimuler l'ovulation irrégulière ou absente. L'ingrédient actif le plus fréquemment utilisé est le citrate de clomifène, normalement pris sous forme de comprimés, pendant cinq jours, du 3e au 7e jour du cycle (pour plus de détails, lire chapitre 3, «Les traitements hormonaux»).

UN SPERMATOZOÏDE DE QUALITÉ

Si la relation sexuelle s'est bien déroulée le bon jour du cycle féminin, encore faut-il que l'homme fournisse un spermatozoïde de qualité. Pour comprendre ce nouveau «défi», impossible d'échapper à l'étude approfondie du mécanisme génital masculin !

L'appareil génital masculin se compose de deux testicules, des voies excrétrices (épididyme, canal déférent, urètre), des glandes annexes et du pénis. Tout petit dysfonctionnement de cet appareil, là encore, pourra être la cause d'une infertilité, voire d'une stérilité. Il s'agira soit d'un défaut de «production», dû par exemple à un dérèglement hormonal, soit d'un défaut de «transport» de spermatozoïdes, dû à une anomalie des voies excrétrices, à un trouble de l'érection ou de l'éjaculation.

Les testicules

Ils ont deux fonctions : la production des spermatozoïdes et la production de l'hormone mâle, la testostérone. Les testicules sont situés dans les bourses (ou scrotum), à «l'extérieur» du corps ; c'est ce qui les rend si vulnérables aux traumatismes de toutes sortes. Mais la nature est bien faite et cette extériorité a une raison : la fabrication de spermatozoïdes (spermatogenèse) n'est possible qu'à une température maximale de 33° C. Or, la température à l'intérieur des bourses est inférieure à celle du corps (37° C), donc parfaitement adaptée à la spermatogenèse. S'il fait au contraire trop froid, les muscles des bourses se contractent naturellement et se rapprochent des testicules afin de les réchauffer.

La spermatogenèse se produit dans les milliers de canaux microscopiques qui composent les testicules. Ces « tubes séminifères » – qui, mis bout à bout, feraient un kilomètre de long ! – convergent tous vers une zone commune située au pôle supérieur du testicule, l'épididyme (voir le tableau 5).

Mais ces tubes ont un autre rôle : c'est dans le tissu de cellules qui les recouvre (les cellules de Leydig) que se produit la testostérone. Cette hormone masculine sera transportée, grâce aux veines qui circulent au niveau des testicules, dans l'ensemble du corps, et agira sur tout ce qui marque le caractère sexuel mâle : moustache, barbe, pilosité du pubis, gravité de la voix, etc. C'est d'ailleurs la preuve que les fonctions « production hormonale » et « production de spermatozoïdes » sont bien distinctes sur le plan organique, contrairement à la croyance masculine, qui associe fertilité et virilité ! L'infertilité ne signifie pas impuissance, et la production de spermatozoïdes est bien totalement indépendante et sans effets sur le désir sexuel, l'érection, l'éjaculation et l'orgasme.

Les affections des testicules et de la spermatogenèse

Les testicules inexistants ou très petits

Dans des cas rarissimes, les testicules peuvent être inexistants parce qu'ils ne se sont pas développés au cours de la vie intra-utérine. Mais plus fréquemment, ce qui peut inquiéter les hommes, c'est leur taille. Or, la taille peut varier selon les individus sans qu'il existe aucun lien avec la qualité ou la quantité de spermatozoïdes produits. Seul un testicule de très petite taille sera exceptionnellement dysfonctionnel. C'est le cas d'une anomalie génétique appelée le syndrome de Klinefelter, que l'on détectera en prescrivant une analyse génétique (caryotype). Mais chez certains de ces patients, il semble maintenant possible de trouver dans leurs testicules quelques spermatozoïdes utilisables en fécondation *in vitro* doublée d'une ICSI (micro-injection des spermatozoïdes).

L'ectopie testiculaire ou cryptorchidie

Cette anomalie concerne environ un homme sur 200. Les testicules ne sont pas physiologiquement « descendus » dans les bourses et ils ont donc trop chaud pour être fonctionnels. En général, la descente des testicules se produit à la naissance ou juste après. Sinon, les testicules « ectopiques » se situeront juste au-dessus du scrotum, ou au maximum dans la cavité abdominale. Dans ce cas, une intervention chirurgicale ou médicale, pratiquée assez tôt, pourra réintégrer les testicules dans les bourses et faire qu'ils fonctionnent normalement.

Le réchauffement excessif des testicules

Tout facteur responsable d'un réchauffement excessif des testicules peut aussi perturber la fabrication des spermatozoïdes. Et, dans ce domaine, les études sont nombreuses. Par exemple, les métiers qui exposent quotidiennement à la chaleur (boulanger, métallurgiste, cuisinier, soudeur…) ; la profession de chauffeur routier, à cause de la position assise prolongée ; ou encore les bains trop chauds ; les sous-vêtements trop serrés... En décembre 2004, une étude menée auprès de 29 hommes par Stony Brook, chercheur à l'Université de New York, a même permis de découvrir que le fait de garder un ordinateur portable sur ses genoux, pendant une heure, pouvait augmenter la température scrotale de plus de 2,5° C, soit suffisamment pour affecter sévèrement la fertilité ! Enfin, plus sérieusement encore, les effets saisonniers et géographiques ont aussi été démontrés. Le sperme d'automne contiendrait moins de spermatozoïdes, mais ils seraient plus mobiles ; tandis que le sperme de printemps en contiendrait plus, mais qui seraient moins mobiles. Et une étude sur quatre villes européennes (Copenhague au Danemark, Turku en Finlande, Édimbourg en Écosse et Paris en France) a prouvé des différences importantes de qualité du sperme selon les régions, celle de Turku battant des records dans le nombre de spermatozoïdes par éjaculat[5].

Les anomalies hormonales

De 2 à 3 % des hommes inféconds auraient des niveaux d'hormones anormalement bas ou anormalement élevés. Dans le premier cas, l'hypophyse ne produit pas assez d'hormones et la production de spermatozoïdes n'est pas suffisamment stimulée. Dans le second, l'hypophyse fonctionne normalement, mais les testicules ne répondent pas suffisamment. Le diabète, les infections thyroïdiennes ou les problèmes de prolactine sont des exemples d'anomalies hormonales qui causent l'infécondité. Dans certains cas, un traitement hormonal sera prescrit (lire chapitre 2).

---

5. N. Jorgensen *et al.* « Regional differences in semen quality in Europe », *Human Reproduction*, vol. 16, 1991, 1012-9.

La varicocèle

Cette maladie bénigne touche 40 % des hommes inféconds et correspond, au niveau du testicule, à des varices sur les jambes. Elle concerne autant les hommes stériles que les pères de famille. En fait, à cause d'un défaut de fonctionnement, les veines des testicules véhiculent mal le sang et gonflent. Cela chauffe les spermatozoïdes et affecte autant leur quantité que leur qualité. Souvent, la varicocèle ne se répercute sur la production des spermatozoïdes que si les deux testicules sont concernés, mais exceptionnellement, un seul testicule atteint suffit à perturber la fertilité. Le médecin expérimenté pourra repérer la varicocèle lors de l'examen des testicules ; mais elle peut aussi se manifester par une douleur au niveau des bourses, ou n'être diagnostiquée qu'en cas de difficulté à procréer.

Doit-on la traiter ? Il n'est pas forcément nécessaire de l'enlever : plusieurs hommes en ayant une ou deux sont arrivés à concevoir. Mais si elle est suffisamment importante pour être détectée à l'examen physique, une chirurgie, une laparoscopie ou encore une technique percutanée seront proposées (lire chapitre 2). Si cela n'est pas possible ou si cela échoue, on proposera alors au couple soit une insémination intra-utérine, soit une fécondation *in vitro* avec micro-injection des spermatozoïdes (ICSI).

Les oreillons

C'est parmi les maladies les plus connues pouvant atteindre des testicules. Mais les oreillons ne sont dangereux que lorsqu'ils surviennent à l'adolescence (entre 12 et 18 ans) et qu'ils se compliquent d'une orchite (inflammation des testicules). Quand cela se produit, l'altération des testicules peut être importante et définitive.

Les maladies sexuellement transmissibles

Toutes les maladies sexuellement transmissibles, si elles sont graves, peuvent atteindre le testicule (on parle alors « d'orchite »). En général, elles sont provoquées par des germes tels que les chlamydiae mycoplasmes et les entérobactéries, qui colonisent parfois l'appareil urinaire. Ces germes sont susceptibles de détruire les cellules qui fabriquent les spermatozoïdes, parfois même d'obstruer les voies séminales. Le traitement sera essentiellement à base d'antibiotiques, lorsque c'est encore possible.

Les traumatismes

Certains traumatismes des testicules, accidentels ou consécutifs à une opération médicale (hernie), peuvent également causer la stérilité. En effet, le testicule reçoit du sang par le biais d'une artère ; mais si cette artère est obstruée pendant plus de six heures, ou cognée fortement, le testicule privé de sang se nécrose, s'atrophie et meurt. La stérilité, là encore, peut être définitive.

La chimiothérapie

Les traitements du cancer, par chimiothérapie ou rayons, sont très toxiques. La reprise de la fonction testiculaire après une chimiothérapie est rare. Mais parfois, il peut y avoir une récupération jusqu'à quatre ou cinq ans plus tard. Quand une telle atteinte est à craindre, on propose toujours au patient de conserver son sperme auprès d'un organisme approprié (banque de sperme) avant tout traitement.

Les voies excrétrices

Une fois fabriqués par les testicules, dans les tubes séminifères, les spermatozoïdes passent par différents canaux, dits «voies excrétrices» : les épididymes, les canaux déférents (canal déférent et canal éjaculateur) et l'urètre. C'est à l'intérieur de ces canaux que, au moment de l'éjaculation, les spermatozoïdes fusionnent avec différents fluides provenant des glandes pour constituer le sperme.

Le premier de ces canaux, qui coiffe véritablement chaque testicule, est l'**épididyme.** Il part du sommet des testicules et se termine à l'embouchure du canal déférent. Les spermatozoïdes mettent environ douze jours à le parcourir (il mesure plus de 6 m, pour un diamètre de 5 mm !). C'est là où ils deviennent mobiles et acquièrent leur flagelle. La fin de l'épididyme sert de réservoir, où les spermatozoïdes attendent d'être expulsés lors de l'éjaculation suivante. Ces spermatozoïdes, prêts à être éjaculés, auront en fait été fabriqués plus de deux mois avant, car la spermatogenèse, au total, dure environ 74 jours ! Mais ce vieil âge n'affecte en rien leur qualité et la fréquence des rapports sexuels n'a rien à voir avec la vigueur des spermatozoïdes éjaculés. Les testicules fabriquent en permanence des millions de spermatozoïdes : 1 500 par seconde...

Lors de l'éjaculation, les spermatozoïdes passent ensuite par le **canal déférent,** long de 40 cm. Un canal qui a en fait une grande capacité, puisque 30 éjaculations seraient nécessaires pour le vider complètement. C'est également ce canal que l'on sectionne quand l'homme a recours à une vasectomie. Ce qui ne voudra pas dire que l'homme n'éjaculera plus, mais simplement que les spermatozoïdes n'atteindront plus la prostate, et qu'ainsi le sperme éjaculé ne contiendra plus de spermatozoïdes.

Après le canal déférent, les spermatozoïdes atteignent le **canal éjaculateur** qui, lui-même passe par la prostate. C'est là que se fait le mélange des spermatozoïdes avec la partie liquide du sperme, produite par la prostate et les vésicules séminales. Puis, lors de l'orgasme, ces glandes se contractent, éjectent leur contenu par l'urètre et propulsent les spermatozoïdes vers l'extérieur. Ces liquides servent donc à véhiculer les spermatozoïdes, qui ne constituent finalement que 20 % du volume de l'éjaculat. Ils sont d'une substance très alcaline, qui contrebalance l'acidité du vagin féminin.

Contrairement à celui de la femme, **l'urètre** masculin est plus sophistiqué. Grâce à un système de valves qui s'ouvrent et se referment (les sphincters), il laissera tantôt passer l'urine provenant de la vessie, tantôt le sperme. Mais tous ces canaux, à leur tour, peuvent être atteints d'une infection ou d'une malformation et causer une infertilité.

TABLEAU 5

L'appareil reproducteur de l'homme

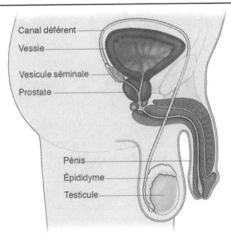

Crédit : Illustrations GCT II Solutions and Enterprises Ltd.

Les affections des voies excrétrices

Chez 5 % des hommes infertiles, le passage des spermatozoïdes allant des testicules jusqu'au pénis peut se trouver bloqué. Cela se produit lorsque ces canaux sont obstrués (95 % des obstructions ont lieu au niveau de l'épididyme ; 3 % dans la prostate) ou manquants.

Si **l'épididyme** est atteint, les testicules font leur travail mais le «système de distribution» ne fonctionne pas. Cela peut être le résultat d'une infection vénérienne ou d'une anomalie congénitale (déformation, absence ou obstruction des conduits). Il y aura quand même éjaculation, puisque le volume de l'éjaculat dépend des glandes accessoires, mais le sperme éjaculé ne contiendra aucun spermatozoïde. S'il ne fait pas de spermogramme, l'homme ne remarquera donc rien. Les traitements à base d'antibiotiques sont les meilleurs remèdes en cas d'infection, mais l'intervention chirurgicale est souvent nécessaire en cas d'anomalie congénitale.

Les infections, notamment suite à une maladie sexuellement transmissible, constituent ensuite les causes principales des obstacles «mécaniques». Dans les cas les plus sévères, l'homme ne produit plus de spermatozoïdes. Un traitement à base d'antibiotiques oraux pendant trois à six semaines pourra en venir à bout. Pour découvrir une telle infection, les médecins demandent aux patients des échantillons d'urine et procèdent parfois à un examen de la prostate.

Le spermatozoïde

Cette force vitale de 5 millièmes de millimètre est constituée d'une tête, contenant le noyau porteur du patrimoine génétique, d'un petit corps intermédiaire et d'une queue, le faisant avancer par battements. Il est également muni d'une poche au-devant de sa tête (l'acrosome), remplie d'enzymes, qui lui permettra de digérer l'enveloppe de l'ovule afin d'y pénétrer.

Chaque jour, l'homme produit environ 400 millions de spermatozoïdes. Cela, grâce à la sécrétion de testostérone par les testicules, eux-mêmes sous l'influence des hormones hypophysaires LH et FSH, comme chez la femme. Ils sont produits de la puberté jusqu'à la fin de la vie, avec un rendement qui s'élève jusqu'à 30 ans environ, mais baisse ensuite progressivement. Chaque éjaculat est en moyenne d'un volume de 2 à 5 ml, contenant de 20 à 200 millions de spermatozoïdes par millilitre. Ces chiffres varient considérablement d'un individu à l'autre ! Mais il faut savoir que le volume de l'éjaculat, lors de la relation sexuelle, n'a aucune importance. Seules comptent la qualité des spermatozoïdes et leur aptitude à féconder, ce que vérifiera le spermogramme (lire chapitre 2). Même chez l'homme fertile, seuls 50 à 60 % d'entre eux seront mobiles et 60 % de forme normale. C'est pourtant suffisant.

TABLEAU 6

Le spermatozoïde

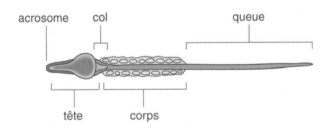

Crédit : 2006, Infograf.

Les atteintes de la qualité du sperme

Le défaut peut concerner leur nombre (oligospermie), leur forme (tératospermie) ou leur mobilité (asthénospermie). Un éjaculat est considéré comme normal quand le volume se situe entre 2 et 5 ml, quand le nombre de spermatozoïdes est supérieur à 20 millions par millilitre, quand leur mobilité est rapide pour 25 % d'entre eux, et enfin, quand leur morphologie est normale pour 30 % d'entre eux. Ces critères d'évaluation sont ceux fixés par l'Organisation mondiale de la santé. Si les spermatozoïdes sont inexistants, on parle d'azoospermie. Cela représente 8 % des cas d'infertilité masculine. Il s'agit d'une cause hormonale : soit au niveau glandulaire, soit au niveau de l'hypophyse.

Cependant, il faut garder en tête que le spermatozoïde met 74 jours à se fabriquer. Donc, tous les facteurs ayant pu gêner la spermatogenèse (par exemple une forte fièvre, un traitement médical lourd, etc.) ne seront visibles que deux à trois mois plus tard dans le spermogramme.

À quoi sont dus ces défauts atteignant la qualité des spermatozoïdes ?

L'âge, on l'a vu, est d'abord un facteur important. Il est prouvé qu'après 30 ans, la qualité des spermatozoïdes baisse tranquillement.

Les médicaments: les antibiotiques urinaires, antiulcéreux et les médicaments utilisés dans le traitement de la goutte ou de l'épilepsie, peuvent se répercuter sur la qualité des spermatozoïdes. La liste est longue, le mieux reste donc de se renseigner avant de les prendre.

Le tabac, l'alcool, la marijuana et les dérivés d'opium auraient les mêmes effets néfastes. S'agissant du tabac, cela a été confirmé depuis juin 2001 par une recherche chinoise conduite sur 300 patients suivis dans une clinique traitant les problèmes de fertilité. Le tabagisme affecte le volume, l'acidité, la densité de l'éjaculat, la viabilité et la vitalité des spermatozoïdes. L'alcool, de son côté, diminue le taux de testostérone dans le sang et la production des spermatozoïdes, en plus d'avoir un impact sur la circulation sanguine et la fonction érectile.

Le stress a aussi une action reconnue sur la qualité du sperme. Comme chez la femme, la production des gamètes masculins est dirigée par les hormones, elles-mêmes téléguidées par l'hypothalamus et l'hypophyse du cerveau. Tout facteur capable d'agir sur ces zones nerveuses peut donc affecter la spermatogenèse.

La présence «d'anticorps antispermatozoïdes» empêche parfois les spermatozoïdes de bouger, recouvrant notamment leur tête. Cela fait parfois suite à une chirurgie (vasectomie inverse, cure de l'hernie) ou à un traumatisme. Mais seuls les anticorps en grande quantité affectent la fertilité. Dans ce cas, une FIV-ICSI peut être proposée, ou encore un traitement à base de stéroïdes.

Chez les hommes atteints du syndrome de Kartagener, les spermatozoïdes sont produits en quantité normale mais ne peuvent pas bouger, en raison d'une malformation de leur flagelle. Les spermatozoïdes éjaculés sont donc tous immobiles. Il faut alors faire un test de viabilité, et une grossesse sera toujours possible en recourant à la FIV et à l'ICSI (lire chapitre 2).

De même, **les lubrifiants vaginaux**, utilisés pendant les rapports sexuels, comme la gelée de pétrole ou la vaseline, sont toxiques pour les spermatozoïdes. « Mieux vaut les remplacer par une petite quantité d'huile minérale ou simplement de blanc d'œuf », conseille la gynécologue Louise Lapensée.

Mais le plus inquiétant, au final, est que la détérioration de la qualité du sperme pourrait bien refléter la **pollution de l'environnement**. Dès les années 1970, quelques médecins américains commençaient à s'inquiéter d'une baisse de la qualité du sperme humain, notamment à cause de facteurs environnementaux. Cependant, c'est une étude de 1992 qui a jeté un pavé dans la marre. Les auteurs ont réalisé la synthèse de 61 articles publiés entre 1938 et 1990, rapportant les caractéristiques du sperme de près de 15 000 hommes en bonne santé et/ou fertiles. Les auteurs ont trouvé que, pendant cette période, la concentration des spermatozoïdes avait baissé de 1 % par an en moyenne. La concentration était passée de 113 millions par ml dans les années 1930, à 66 millions par ml 50 ans plus tard[6].

Cette étude avait été à l'époque très discutée et controversée, notamment à cause de l'hétérogénéité des populations, des méthodologies et des statistiques utilisées. Mais l'étude a été reprise ensuite par une épidémiologiste américaine, Shanna Swan, qui a étendu l'étude danoise à 40 publications supplémentaires, sur une période encore plus longue. Et cette dernière a encore confirmé la diminution de la concentration des spermatozoïdes, concluant

6. E. Carlsen *et al.*, « Evidence for decreasing quality of semen during past 50 years », *British Medical Journal*, 1992, 305, 609-13.

que la baisse était réelle aussi bien en Amérique du Nord qu'en Europe.

Or la situation pourrait bien empirer. Des recherches françaises faites dans le cadre des Cecos (Centres d'étude et de conservation des œufs et du sperme humain, banques de sperme) montrent une baisse du nombre de spermatozoïdes de 2 % par an, associée à une réduction de leur mobilité et de leur qualité morphologique.

Les causes seraient principalement environnementales. Les « perturbateurs endocriniens » présents dans notre environnement, c'est-à-dire les produits chimiques capables d'imiter les hormones naturelles, agiraient sur notre équilibre hormonal et notre fertilité. Par exemple, les œstrogènes environnementaux seraient présents dans de nombreux plastiques comme les bouteilles d'eau, les films alimentaires et les emballages. Mais les polluants environnementaux comme le plomb, le monoxyde de carbone ou les éthers de glycol ont aussi prouvé leur toxicité. Le plomb affecte la qualité des spermatozoïdes, comme celle des ovules. Quant au monoxyde de carbone, un groupe de chercheurs italiens démontrait en 2003 les effets des gaz d'échappement de voiture sur la qualité du sperme, grâce à une étude sur 85 hommes préposés au péage (comparé à un groupe d'hommes de la région). Résultat : si le nombre des spermatozoïdes et les taux de testostérone étaient normaux, toutes les autres mesures de la qualité du sperme étaient inférieures aux normes établies par l'Organisation mondiale de la santé[7].

---

7. M. De Rosa *et al.*, « Traffic pollutants affect fertility in men », *Human Reproduction*, vol. 18, n° 5, 1055-1061, mai 2003.

Existe-t-il un traitement à tout cela ? Une fois l'exposition aux toxines et aux médicaments écartée, une fois les déséquilibres hormonaux corrigés ou le rythme de vie changé, aucun traitement précis ne permet d'améliorer la qualité du sperme. Le traitement de l'infertilité masculine repose sur la chirurgie et les techniques de reproduction assistée et, en particulier, la micro-injection d'un seul spermatozoïde dans l'ovule, au cours d'une fécondation *in vitro* (ICSI) (lire chapitre 2).

LA MONTÉE VERS L'UTÉRUS ET LES TROMPES

C'est la prochaine étape pour les millions de petits spermatozoïdes. Pour qu'il y ait fécondation, ils doivent traverser le col de l'utérus et la glaire cervicale, remonter dans l'utérus, puis gagner les trompes qu'ils parcourront jusqu'à leur extrémité pour venir rencontrer l'ovule. Du vagin aux trompes, il n'y a que 4 pouces, soit une dizaine de centimètres. Mais imaginez le pas de géant que cela représente, pour ces petits bonshommes 500 fois plus minuscules qu'un grain de sable ! Ils mettront donc entre 30 et 60 minutes pour gagner les trompes ; et alors qu'ils étaient en moyenne 300 millions au départ, seuls un millier atteindront la proximité de l'ovule.

La remontée du vagin vers le col de l'utérus

À l'extrémité du vagin se trouve le col de l'utérus, porte d'entrée vers l'utérus. Le col est fait de tissus musculaires ; il a une forme incurvée, un diamètre de 2 cm et une longueur de 2 à 3 cm lorsqu'il est fermé. Tout au long du cycle mens-truel, sous l'influence des hormones, il change légèrement de positionnement pour remplir des rôles différents. Au début et à la fin du cycle, c'est-à-dire en période inféconde, il est bas et fermé (le « passage » vers l'utérus fait 1 mm de

TABLEAU 7

L'appareil reproducteur de la femme

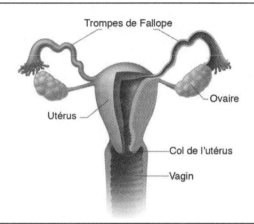

Crédit : Illustrations GCT II Solutions and Enterprises Ltd.

largeur). Il est d'ailleurs possible de le sentir, simplement en insérant un doigt propre à l'intérieur du vagin. Puis en milieu de cycle, il est haut et entrouvert. Il s'ouvre également un peu pour permettre l'écoulement des règles. S'il y a fécondation, il demeure fermé tout au long de la grossesse et supporte le poids du bébé jusqu'à l'accouchement. Lors de l'accouchement, il s'étire lentement jusqu'à ce que la tête du bébé puisse passer. Mais en plus, tout au long du cycle, il produit différents types de sécrétions, notamment la glaire cervicale, véritable alliée des spermatozoïdes.

La rencontre de la glaire cervicale

La première chose que les spermatozoïdes vont rencontrer est la glaire cervicale. Lisse et transparente, d'un aspect comparable à du blanc d'œuf cru, elle est produite par les glandes de l'utérus la semaine précédant l'ovulation. Dès que le col s'entrouvre, elle séjourne dans le vagin et a pour rôle d'accueillir, de transporter et de nourrir les spermatozoïdes

63

dès leur arrivée. C'est même leur alliée indispensable : son absence sera une cause d'infertilité. Sans elle, les spermatozoïdes ne peuvent survivre à l'acidité des sécrétions vaginales, et c'est grâce à son « transport » que les spermatozoïdes pourront, plusieurs jours après le rapport sexuel, survivre et atteindre l'ovule.

Mais elle a un second rôle tout aussi important : celui de sélectionner les spermatozoïdes les plus actifs – donc les plus mobiles et les mieux formés – avant qu'ils ne gagnent l'utérus. La glaire est en effet soumise à l'action naturelle des hormones et la nature a bien fait les choses : au moment de l'ovulation et sous l'action des œstrogènes, elle est souple et perméable pour faciliter la remontée des spermatozoïdes ; après l'ovulation, sous l'action de la progestérone, le col de l'utérus se referme et la glaire devient au contraire très épaisse, empêchant le passage des spermatozoïdes. Cela évite la rencontre de gamètes vieillis, qui seraient à l'origine d'embryons anormaux. Au final, seuls 1 à 2 % des spermatozoïdes présents dans le sperme parviendront à la traverser. Soit, pour un éjaculat moyen de 100 à 200 millions, 1 à 2 millions. Une fois cette étape franchie, ils se dirigeront vers l'utérus, les trompes, puis l'ovule.

Les obstacles à l'ascension des spermatozoïdes vers l'ovule

Quand la glaire est « hostile » aux spermatozoïdes, et vice versa

Toute anomalie du contact entre la glaire cervicale et les spermatozoïdes peut être une source d'infertilité. Cela peut venir soit des spermatozoïdes : par exemple, de la présence d'anticorps dans le sperme lui-même, qui entraînent l'agglutination des spermatozoïdes et les empêchent d'avancer. Soit de la glaire cervicale, qui peut rester imperméable au passage des spermatozoïdes dans l'utérus, être absente ou abondante, de mauvaise qualité ou infectée. Elle peut même contenir, elle aussi, des anticorps antispermatozoïdes. Dans tous ces cas de figure, elle ne peut alors jouer son rôle qui est d'aider les spermatozoïdes à monter à la rencontre de l'ovule.

Y a-t-il un traitement ? Les avis concernant la glaire cervicale ne font pas l'unanimité, car il n'est pas rare que des grossesses surviennent naturellement, alors qu'un problème de la glaire cervicale avait été repéré. Mais dans tous les cas, l'insémination artificielle ou la FIV permettent de passer outre ces anomalies.

La malformation de l'utérus

Normalement recourbé en avant (antéversion), l'utérus est quelquefois recourbé vers l'arrière (rétroversion) et ainsi collé aux organes qui l'entourent. S'il y a un accolement entre les deux parois de l'utérus, on parlera de «synéchie». Mais l'utérus peut être aussi cloisonné, à cause d'une malformation congénitale. Pourtant, ni la position utérine ni une cloison utérine ne sont un obstacle au passage des spermatozoïdes. Seules les synéchies intra-utérines sévères peuvent l'être.

Les lubrifiants vaginaux, comme nous l'avons vu précédemment, peuvent également bloquer l'accès des spermatozoïdes au col de l'utérus. S'ils sont nécessaires pour faciliter les rapports sexuels, ils pourront être remplacés par de l'huile minérale ou du blanc d'œuf.

L'affection des trompes de Fallope, dite «stérilité tubaire»

C'est la cause la plus importante d'infertilité féminine : elle couvre environ 30 % des cas. Les trompes sont bloquées, ou plutôt «bouchées»; parfois à cause d'adhérences qui font suite à une endométriose sévère (lire p. 74), d'autres fois à cause d'une «salpingite isthmique noueuse», qui est un phénomène inflammatoire et non infectieux.

Mais la plupart du temps, cela fait suite à une infection tubaire, elle-même provoquée par une maladie sexuellement transmissible (MST). Les MST les plus souvent en cause sont la gonorrhée et la chlamydia. Avec la chlamydia, la majorité des femmes ne ressentent aucun symptôme. Par contre, il est rare qu'une gonorrhée passe inaperçue (fièvre, sécrétions verdâtres...). Ensuite, si la MST n'est pas prise en charge à temps par un traitement antibiotique, ces bactéries causent l'inflammation des trompes (salpingite) ou de l'utérus (endométrite). Généralement, un traitement à base d'antibiotiques pendant 10 à 14 jours suffit; mais parfois, en cas d'infection sévère de la trompe, les conséquences sont lourdes. On est obligé de retirer la trompe : c'est une salpingectomie.

Plus rarement, les trompes auront été endommagées par d'autres facteurs. Par exemple : une appendicite avec péritonite; ou une opération de l'appendicite (appendicectomie) qui s'est compliquée en péritonite; ou un curetage utérin associé à une infection, ou encore le mauvais positionnement d'un stérilet, là encore associé à une infection. Mais il est important de préciser que le stérilet, en soi, n'augmente pas les risques d'infertilité.

On sait également que la nicotine, chez les fumeuses, favorise une infection des trompes qui deviennent plus sensibles à la chlamydiose (en plus de fragiliser la qualité de la muqueuse de l'utérus et d'augmenter le risque de fausses couches spontanées).

Il faut enfin mentionner **l'effet particulier du Distilbène** (diéthylstiboestrol) sur l'appareil génital féminin. Ce médicament fut utilisé dans les années 1960-1970 pour prévenir les complications, en particulier les menaces de fausses couches. Or, on sait aujourd'hui que la prise de Distilbène a pu entraîner des anomalies de l'appareil génital (malformation du col, du corps de l'utérus et des trompes) chez les filles nées à cette époque et influer sur leur fertilité.

Traitement : Dans tous ces cas, la perméabilité des trompes sera d'abord vérifiée grâce à l'hystérosalpingographie (lire p. 89). Si les lésions sont très étendues et que les trompes sont inaccessibles à la chirurgie, souvent en raison d'adhérences pelviennes sévères, la stérilité tubaire sera définitive et ne pourra bénéficier que de la fécondation *in vitro*. Par contre, si l'atteinte tubaire est réparable par chirurgie, la patiente pourra bénéficier soit de la stimulation de l'ovulation, soit de la stimulation de l'ovulation couplée à une insémination intra-utérine, soit de la FIV.

LA RENCONTRE AVEC L'OVULE ET LA FÉCONDATION

S'ils parviennent à traverser les trompes, du diamètre d'un crayon, les spermatozoïdes rencontrent l'ovule dans l'ampoule tubaire. Un désirable monstre de 600 fois leur taille ! Et alors qu'ils étaient plusieurs millions au départ, ils ne seront qu'un millier autour de l'ovule à féconder. Autant dire que ce sont les plus mobiles, les mieux formés morphologiquement, et donc les plus fécondants.

Pourquoi doivent-ils se déplacer vers l'ovule, et non l'inverse ? Parce que l'ovule est chargé de « réserves », destinées à nourrir le futur embryon, et qu'une cellule ne peut être à la fois chargée et mobile. Il y a un partage des tâches :

67

le spermatozoïde, qui n'a pas de réserves, jouit de la mobilité (c'est une des plus petites cellules de l'organisme et la plus mobile) ; tandis que l'ovule, grosse cellule « nourricière », est immobile (l'ovule mesure 120 micromètres, soit un dixième de millimètre).

Du même coup, cette couche épaisse de cellules autour de l'ovule, destinée à nourrir le futur embryon, sera un nouvel obstacle à franchir pour les spermatozoïdes. Grâce au battement de leur flagelle, une dizaine des plus vigoureux la franchiront et se rendront jusqu'à la zone pellucide, au contact de l'ovule. C'est le dernier obstacle et le plus gros : cette enveloppe, quatre fois plus épaisse que la tête d'un spermatozoïde, ne sera traversée que par un seul d'entre eux... en près de quatre heures ! Mais contrairement à l'idée répandue, le spermatozoïde ne « pique » pas, tête la première, pour pénétrer dans l'ovule. Les recherches ont montré qu'il se posait à plat, à un endroit donné, et fusionnait avec elle. Les autres spermatozoïdes ne feront que ricocher.

Dès son entrée, une réaction chimique immédiate rend complètement imperméable la zone pellucide à toute nouvelle entrée de spermatozoïdes. Ce petit mécanisme de sécurité est important : si jamais un deuxième entrait, un nombre trop élevé de chromosomes masculins aboutirait à la formation d'un embryon anormal. Puis la « fécondation » proprement dite se produit. Elle n'est pas instantanée, mais se déroule en une multitude d'évènements cellulaires, qui durent une dizaine d'heures. Le spermatozoïde se « noie » dans l'ovule, perd sa queue, et son noyau (sa tête) se transforme en pronucléus mâle. Quant à l'ovule, son noyau se transforme en pronucléus femelle. Puis ces pronuclei se rapprochent, fusionnent, et le mélange des chromosomes se fait. Le noyau

TABLEAU 8
La division cellulaire de l'embryon

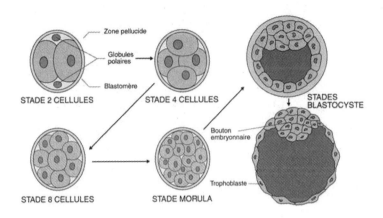

Crédit : 2006, Infograf.

de cette nouvelle cellule, appelée zygote, possède désormais son patrimoine génétique unique.

Une fois l'embryon formé, les trompes vont jouer un rôle essentiel. Constituées de milliers de cils microscopiques (les *cilia*), elles vont permettre à l'embryon, grâce à leur ondulation, de prendre le chemin inverse et de venir se loger dans l'utérus, où il restera tout le temps de la grossesse. Ce parcours prend entre quatre et cinq jours.

Le zygote se divise en deux après 36 heures en moyenne. Après 46 heures, il contient quatre cellules (jour 2) ; après 54 à 56 heures : huit cellules (jour 3) ; le 4e jour, 16 cellules ; puis, après la compaction des cellules, l'embryon forme la morula (64 cellules). Les jours 5 et 6, il a atteint le stade du blastocyste et contient plusieurs centaines de cellules. C'est environ à ce stade que l'embryon atteint l'utérus.

69

Fille ou garçon ?

À la différence de toutes les autres cellules de notre corps, les cellules reproductrices (ovule et spermatozoïde) possèdent chacune 23 chromosomes, et non pas 46. Vingt-deux sont responsables des caractères somatiques (couleur des yeux, cheveux, taille, etc.) et un seul est un chromosome sexuel. Mais, alors que les ovules sont tous porteurs d'un chromosome sexuel X, les spermatozoïdes portent un chromosome X ou Y. C'est donc eux qui déterminent le sexe de l'enfant à venir. Si le spermatozoïde fécondant est porteur d'un chromosome X, ce sera une petite fille (X+X) ; sinon, ce sera un petit garçon (X+Y).

La grossesse extra-utérine

Dans les trompes, exceptionnellement, le chemin du retour peut être interrompu, pour les mêmes raisons d'anomalies tubaires qu'à « l'aller ». L'embryon peut alors s'implanter au niveau de la trompe et former ce qu'on appelle couramment une grossesse « extra-utérine » ou « ectopique ». C'est souvent à cause de phénomènes d'adhérences, suite à une intervention chirurgicale proche de la trompe, ou encore après une infection (salpingite). Mais 50 % des grossesses ectopiques surviennent dans une trompe normale. Il s'agit alors d'une malchance.

Traitement

Si le diagnostic n'est pas prononcé assez tôt, une fois l'embryon fixé dans la trompe, la trompe se rompt et entraîne, parfois, une hémorragie suffisamment brutale pour nécessiter une transfusion. Mais c'est le pire scénario et il est rare. Dans ce cas-là, la FIV sera alors le traitement privilégié, selon l'état de la trompe restante. Par contre, s'il y a un diagnostic précoce, on retire alors l'embryon sous laparoscopie et la trompe est conservée. Ou encore, le plus souvent, on recourt à une injection intramusculaire de méthotrexate, une molécule qui stoppe le développement cellulaire de l'embryon. Le taux de succès avoisine les 90 % (le « succès » étant défini ici comme la résolution de la grossesse ectopique, sans nécessité de laparoscopie...).

L'IMPLANTATION DE L'EMBRYON

Au cours de sa migration des trompes vers l'utérus, l'embryon continue sa division cellulaire toutes les douze heures environ. Si l'embryon se divise en deux parties qui continuent de se diviser séparément, cela donnera lieu à une grossesse de jumeaux identiques. Autrement, un embryon unique entame sa nidation dans l'utérus, au cours du septième jour après la fécondation, soit autour du 22e jour d'un cycle de 28 jours.

Pour que la nidation se passe correctement, l'endomètre (muqueuse de l'utérus) doit atteindre une structure particulière. Comme on l'a vu, la muqueuse utérine subit des transformations tout au long du cycle menstruel : elle augmente d'épaisseur pendant toute la première partie du cycle, puis se vascularise au cours de la deuxième partie pour mieux recevoir l'embryon. L'implantation correcte implique donc une concordance précise entre le stade de l'endomètre, qui mesure alors près d'un centimètre, et l'âge de l'embryon, qui possède alors environ 30 cellules. À ce stade, celui-ci s'est défait de son enveloppe protectrice (c'est l'éclosion du blastocyste), puis continuera quelque temps sa croissance sur ses propres réserves, avant de puiser dans celles du nid maternel.

Parfois, cette éclosion est rendue plus ardue, avec l'âge notamment, car la zone pellucide est plus épaisse. Mais une technique médicale associée à la FIV permet d'aider cette éclosion, en incisant légèrement la membrane de l'embryon avant qu'il ne soit implanté. C'est l'éclosion assistée, plus couramment appelée « hatching » dans le jargon médical.

L'utérus, de son côté, fera tout pour favoriser l'attachement de l'embryon. D'abord, en sécrétant des protéines particulières pour la nidation ; puis en pressant ses parois l'une contre l'autre, et en maintenant fermement en place l'embryon jusqu'à sa nidation complète.

TABLEAU 9

Le parcours de l'embryon jusqu'à son implantation

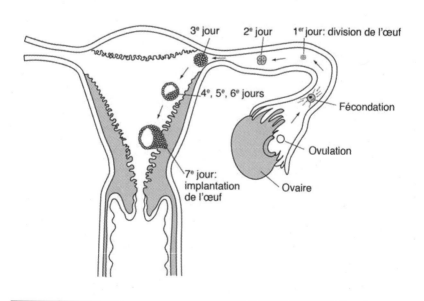

Crédit : 2006, Infograf.

TABLEAU 10
L'éclosion du blastocyste

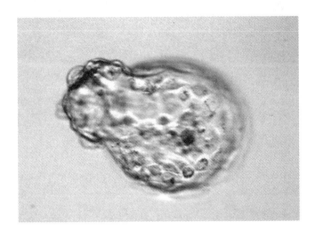

(Sur la gauche, l'embryon est en train de s'extraire)

Crédit : La Clinique de fertilité OVO.

Une fois l'embryon accroché, le placenta se constitue. Il secrète une hormone (hCG) qui maintient le corps jaune ; et le corps jaune sécrète lui-même de la progestérone pour maintenir la grossesse, jusqu'à ce que le placenta produise lui-même assez de progestérone pour la maintenir tout seul... Bref, un vrai travail d'équipe !

C'est cette fameuse hormone hCG, présente dans l'urine et dans le sang, que le test de grossesse vendu en pharmacie peut déceler. Mais le test sanguin, fait en laboratoire par prise de sang, n'est pas beaucoup plus cher et est encore plus sûr.

Les affections de l'utérus pouvant gêner l'implantation de l'embryon

L'endométriose

Parfois, des fragments de la muqueuse utérine (l'endomètre) viennent se déposer en dehors de l'utérus, par exemple sur les trompes ou les ovaires, ou même sur la vessie ou l'intestin, au lieu de s'évacuer normalement pendant la période des règles. Cela peut provoquer des lésions et gêner la fécondation. Certains diront que ce n'est pas une cause directe d'infertilité, mais plutôt une cause associée. Quoi qu'il en soit, il existe plusieurs stades, de 1 à 4, plus ou moins graves selon leur localisation. Et lorsqu'elle est détectée et traitée au moment de la laparoscopie, les chances de grossesse sont améliorées.

Symptômes

L'endométriose peut causer des douleurs et des crampes fortes dans l'abdomen, le bassin, voire les jambes et le bas du dos, mais également des douleurs pendant les rapports sexuels. Par contre, contrairement aux idées reçues, elle n'est pas une cause de menstruations abondantes. Le seul saignement anormal associé à l'endométriose est le « spotting prémenstruel », c'est-à-dire des saignements légers qui précèdent la menstruation de quelques jours.

Traitement

L'endométriose est diagnostiquée chez 30 à 40 % des femmes en clinique de fertilité. Le traitement de l'endométriose dépend des symptômes. Mais si l'endométriose concerne une patiente en clinique de fertilité, on aura recours à la chirurgie et/ou à la stimulation ovarienne, avec ou sans insémination. Si cela échoue ou si la maladie est très sévère, on aura recours à la fécondation *in vitro*. Cela étant dit, certaines femmes avec une endométriose sévère n'ont aucun symptôme et aucune difficulté à devenir enceinte. Ce qui fait donc de cette maladie un vrai mystère !

Les fibromes utérins

Ce sont de petites tumeurs bénignes, faites de tissus musculaires, qui poussent à l'intérieur de l'utérus, mais aussi à l'extérieur. Heureusement, ils gênent rarement la fertilité : la majorité des femmes qui ont des fibromes deviendront enceintes sans difficulté et vivront une grossesse normale. En fait, les fibromes peuvent interférer avec la fertilité dans deux circonstances. Soit le fibrome est gros et mal placé, et bouche alors l'entrée de la trompe. Soit une lésion intra-utérine fait 2 cm et plus (polype ou myome sous-muqueux) et peut alors nuire à l'implantation de l'embryon, ou augmenter le risque de fausse couche. Dans moins de 0,5 % des cas, ils deviennent malins, donc il n'y a pas à s'inquiéter outre mesure.

En fonction de leur emplacement, on en distingue trois types :

Les fibromes intramuraux. Ils se forment à l'intérieur de la paroi de l'utérus, entre des couches de muscles. Ils représentent près de 70 % de l'ensemble des fibromes.

Les fibromes sous-séreux. Ceux-ci croissent vers l'extérieur de l'utérus et y sont parfois rattachés par un pédicule.

Les fibromes sous-muqueux. Ces fibromes occupent de l'espace dans la cavité utérine puisqu'ils se développent juste sous la surface de la muqueuse.

TABLEAU 11
Les fibromes

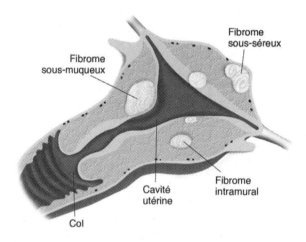

Fibrome sous-séreux

Fibrome sous-muqueux

Cavité utérine

Fibrome intramural

Col

Crédit : 2006, Infograf.

Les causes

On ne connaît pas bien la cause des fibromes. On pense que leur apparition est le résultat d'un ensemble de facteurs génétiques, hormonaux et environnementaux. Dans la moitié des cas, ils seraient liés à une mutation génétique qui entraîne une croissance exagérée des cellules musculaires de la fibre utérine ; mais l'hérédité aussi semble jouer un rôle important (si la mère a eu un fibrome, il arrive souvent que la fille en ait elle aussi). Enfin, un taux élevé d'œstrogènes dans le corps peut aussi accélérer la croissance des fibromes.

Les symptômes

Les symptômes dépendent de leur localisation, mais la plupart du temps, il n'y en a aucun. Parfois, ils sont associés à des flux menstruels abondants (notamment les fibromes sous-muqueux ou intramuraux, même si les cycles demeurent réguliers), à des envies fréquentes d'uriner, et même à de la constipation. On les détecte le plus souvent par échographie.

Traitement

Il n'est pas nécessaire de les retirer s'ils ne sont pas gênants ; on les gardera simplement sous observation. Mais on vous prescrira peut-être des contraceptifs oraux si les menstruations sont abondantes : ils aideront à contrôler les saignements, même s'ils ne traitent pas les fibromes. Sinon, on les retirera par chirurgie (myomectomie) grâce à une hystéroscopie, ou en pratiquant une incision sur l'abdomen.

Les autres anomalies utérines pouvant gêner l'implantation de l'embryon sont également les myomes, polypes, septum utérin ou synéchies intra-utérines. Le septum peut être diagnostiqué par échographie en 3D, ou par résonance magnétique de l'utérus, ou encore par laparoscopie combinée à une hystéroscopie (lire page 90).

Les fausses couches spontanées

Les fausses couches spontanées surviennent, elles aussi, au niveau de l'utérus. Cela témoigne de la fécondabilité du couple, bien sûr, mais une fausse couche constitue toujours une grande déception. Cela concerne environ 15 % des grossesses. En cas d'avortement à répétition (trois fausses couches successives), les médecins rechercheront une cause soit anatomique, soit génétique ou hormonale.

Une cause anatomique peut être, là encore, tout ce qui va gêner l'implantation de l'embryon dans l'utérus : myomes, gros polypes, septum utérin ou synéchies intra-utérines. Le septum est un morceau de tissu utérin qui « pend » à partir du haut de l'utérus, dont la provision de sang est limitée. Si l'embryon s'implante dans le septum, il continuera de grossir jusqu'à ce qu'il ne puisse plus s'approvisionner dans les tissus. À ce stade, il y aura donc fausse couche. Mais tous ces cas d'anomalies utérines pourront être dépistés par une hystérosalpingographie, un examen qui évalue la cavité utérine, ou encore par une échographie en 3D, pour le septum. Une fois que l'anomalie a été détectée, elle pourra être soignée par chirurgie.

Une cause génétique peut ensuite, souvent, être la cause d'une fausse couche. Par exemple, une anomalie génétique peut avoir lieu chez l'embryon lors de la division des cellules. Ce risque augmente avec l'âge de la mère, tout simplement à cause de la dégradation du matériel génétique contenu dans les ovules de la femme ; ou même en raison d'une anomalie génétique chez l'homme. Mais ceci est malheureusement impossible à diagnostiquer. Sinon, c'est parce que l'embryon sera porteur d'une anomalie chromosomique, transmise par l'un des deux parents. Enfin, la fausse couche peut survenir si un ou les deux parents sont porteurs d'une anomalie chromosomique. Ceci pourra être détecté par une analyse sanguine des parents, appelée caryotype.

Une cause hormonale, aussi, peut être en jeu. Car l'implantation requiert un environnement hormonal propice : une quantité adéquate de progestérone doit être produite à la suite de l'ovulation, lors de la phase lutéale du cycle menstruel, pour préparer la muqueuse utérine à accueillir l'embryon. Faute de progestérone en quantité suffisante, l'embryon ne pourra pas être retenu. Dans ces cas-là, le médecin dosera l'hormone prolactine, qui peut être responsable d'une insuffisance lutéale. Mais en dehors de cela, il n'y a malheureusement aucun test pour diagnostiquer une insuffisance lutéale (manque de progestérone) : le dosage de progestérone est non fiable, de même que la biopsie de l'endomètre, qui ont tous les deux été abandonnés comme outils diagnostiques.

Au final, près de 60 % des fausses couches en début de grossesse demeureront inexpliquées, car les résultats de toutes les investigations mentionnées précédemment seront normaux. Les médecins présumeront alors que le problème est une insuffisance lutéale et le traiteront comme tel, grâce à un traitement hormonal (citrate de clomifène et/ou de la progestérone intravaginale).

Sinon, en fonction d'autres indices, ils essaieront de voir s'il ne s'agit pas d'anomalies auto-immunes (comme des anticorps antiphospholipides, protéines produites par le système immunitaire qui se dirigent contre certains tissus), ou de problèmes de coagulation (anticoagulants de circulation, thrombophilie). Mais dans ces domaines, les traitements sont encore expérimentaux et ne font pas l'unanimité. Certains prescriront par exemple de l'aspirine et parfois de l'héparine, un des seuls traitements expérimentaux qui a fait ses preuves ! En dehors de cela, aucun traitement n'est encore disponible pour augmenter réellement les chances d'implantation. C'est pourquoi de très nombreux centres dans le monde entier mènent une recherche intensive à ce sujet : c'est là que la médecine de l'infertilité est la plus impuissante !

Enfin, il faut préciser que certaines femmes sont plus exposées que d'autres à une fausse couche. En particulier si elles ont plus de 35 ans ; qu'elles fument ; qu'elles consomment plus de deux verres d'alcool, plus de six cafés par jour, ou de la drogue ; qu'elles souffrent d'anorexie ; qu'elles prennent souvent l'avion ; qu'elles sont exposées régulièrement à des toxines environnementales telles que les solvants, le plomb, le mercure, ou enfin, si elles sont gravement malades. La prise de médicament serait notamment un facteur de risque, donc vérifiez avec votre médecin. L'Accutane, par exemple, est un médicament définitivement associé à une augmentation des avortements à répétition.

Chapitre 2

Le diagnostic d'infertilité

À ce stade, vous avez peut-être déjà mis le doigt sur le petit problème qui empêche votre grossesse. Mais à présent, il faut le confirmer. C'est le moment d'aller frapper à la porte de votre médecin généraliste, ou de votre gynécologue, si vous en avez déjà un. Il vous examinera, se renseignera sur votre mode de vie et vos antécédents médicaux, et vous fera passer tous les examens nécessaires. Mais avant cela, vérifiez d'abord que votre « temps d'essai » a été suffisant !

QUAND CONSULTER ?

La probabilité normale de grossesse chez un couple fertile, avant 30 ans, est de 20 à 25 % par cycle. Il faudra donc, en moyenne, de quatre à cinq mois à un couple fertile pour concevoir un enfant, et cela, même s'ils ont des rapports sexuels pendant les périodes propices. Les autres statistiques suivent cette logique : elles montrent qu'au bout de six mois, 65 % des couples de fécondité normale auront conçu ; au bout d'un an, 85 % ; et au bout de 18 mois, 90 % d'entre eux. Voilà pourquoi l'Organisation mondiale de la santé recommande aux couples infertiles de ne consulter qu'après 18 à 24 mois de rapports sexuels non protégés. Elle précise même qu'il n'y a pas lieu de recourir à une assistance médicale avant la fin de cette période.

Par contre, après deux ans d'essais infructueux, les statistiques prouvent que le couple a un risque sur deux d'être stérile. Et, même s'il est fertile, sa probabilité d'obtenir une grossesse sans aide médicale sera inférieure à 10 %. En pratique, les médecins conseillent donc de ne pas attendre plus d'un an avant de consulter. Ce délai est même réduit à six mois si la femme a plus de 35 ans, ou qu'elle a certains antécédents médicaux : chirurgie abdominale ou pelvienne, règles très irrégulières, douleurs abdominales.

L'EXAMEN MÉDICAL ET LE DIAGNOSTIC D'INFERTILITÉ

La première consultation

Une fois la décision de consulter prise, le médecin de première ligne (généraliste ou gynécologue) examinera de façon approfondie la santé des deux partenaires, avant même de les référer à une clinique de fertilité et d'entreprendre tout traitement. Car, presque toujours, l'infertilité relève de plusieurs facteurs. Soit parce qu'elle concerne à la fois l'homme et la femme (40 % des cas ; on parle alors d'infertilité mixte), soit parce que, chez le partenaire infertile, plusieurs facteurs sont en cause.

Il commencera par interroger le couple sur son mode de vie : l'âge, les consommations régulières (tabac, alcool, médications), les antécédents médicaux (chirurgies, contraception, infections génitales), l'activité professionnelle, la régularité des relations sexuelles (ont-elles lieu le bon jour ?) et l'existence de grossesses précédentes. Cela, pour recenser tous les facteurs externes qui pourraient avoir une influence sur la fertilité. Il vérifiera aussi, bien sûr, que la « période d'essai » a été suffisante.

Ensuite, il contrôlera l'état de santé général et procédera à des examens physiques. Il vérifiera par exemple si le poids, l'hypertension artérielle, ou certaines maladies ne peuvent avoir une influence. Il prescrira un examen de dépistage du chlamydia (germe fréquemment responsable d'une infection des voies génitales), du VIH (virus de l'immuno-déficience humaine), de l'hépatite B et de l'hépatite C, et vérifiera que la femme a bien été immunisée contre la rubéole. Puis il interrogera cette dernière sur la date de ses premières règles, sur la longueur et la régularité de ses cycles, et sur ses courbes de température si elle les note (lire chapitre 1). L'examen de la courbe de température lui dira si le cycle est ovulatoire ou non.

Puis il procédera à un examen gynécologique classique. Il examinera d'abord la pilosité au niveau des seins, du visage et de l'abdomen, car si elle est associée a de l'acné, ce peut être un signe de dérèglement hormonal. Il examinera les seins, en recherchant notamment une galactorrhée (petit écoulement de lait du mamelon), également signe de dérèglement hormonal qui peut agir sur l'ovulation. Il vérifiera le bon état du col de l'utérus et du vagin grâce à un examen au spéculum : un toucher vaginal avec deux doigts gantés et une main sur l'abdomen lui permettra de sentir les contours du vagin et de l'utérus, et ainsi de dépister d'éventuels fibromes ou des kystes des ovaires. Il examinera ensuite la glaire cervicale, si l'examen a lieu au milieu du cycle. Enfin, il prescrira un examen sanguin, à faire le 3e jour du cycle, pour observer le taux des hormones.

L'évaluation des hormones (les dosages hormonaux)

Grâce à une prise de sang, l'examen des hormones FSH et œstradiol le 3e jour du cycle fournira de précieux renseignements sur la réserve ovarienne de la femme, c'est-à-dire le nombre de follicules antraux qu'il reste dans les ovaires. C'est un test souvent attendu avec anxiété, car il est déterminant pour la réussite du traitement de fertilité : plus la réserve ovarienne sera bonne, plus les chances d'obtenir des embryons de qualité seront élevées.

Ce test est systématique à partir de 30 ans ou s'il y a des facteurs de risque de ménopause précoce. Ces facteurs sont : une ménopause précoce chez la mère, une chirurgie ovarienne antérieure ou un tabagisme.

Par contre, si la femme a des cycles très irréguliers, pouvant aller de un à six mois, il sera bien entendu impossible en pratique de patienter jusqu'au 3e jour du cycle : l'attente serait trop décourageante ! Chez ces femmes, le médecin dosera alors la prolactine (PRL), les hormones thyroïdiennes (TSH), la FSH et les œstradiols, quel que soit le jour. Et s'il suspecte le syndrome des ovaires polykystiques, il demandera également un dosage des hormones mâles, un dépistage du diabète et un bilan lipidique.

S'agissant de l'examen médical de l'homme, le médecin prescrira d'abord un spermogramme (lire l'encadré suivant), pour s'assurer du nombre et de la qualité des spermatozoïdes, ainsi qu'un dosage hormonal, pour vérifier la balance de ses hormones. Un niveau élevé de FSH, par exemple, est souvent le signe d'un problème deproduction du sperme. Si ces examens se révèlent anormaux, il examinera alors l'appareil génital de l'homme. Il palpera le volume et la consistance des testicules, les éventuelles anomalies de l'épididyme et du canal déférent, et parfois, il prescrira une échographie du scrotum si une varicocèle peut être en cause.

Le spermogramme

Cet examen se déroule dans laboratoire et permet d'étudier les caractéristiques des spermatozoïdes : nombre, mobilité, vitalité, morphologie... Chez plus d'un tiers des couples, une anomalie sera détectée. Il est donc toujours demandé au début de l'investigation, même si l'homme a déjà eu un enfant dans le passé.

Le spermogramme est souvent vécu comme une épreuve puisqu'on demande à l'homme de fournir un échantillon de sperme par masturbation. Certes dans l'intimité, mais le plus souvent au sein même du laboratoire. On peut donc imaginer le poids des tabous ou même des religions dans de telles circonstances. Mais dans les faits, heureusement, la détermination du couple permet toujours de surmonter l'épreuve. D'ailleurs, la majorité des laboratoires autorisent la conjointe à accompagner le patient.

Les cliniques les mieux organisées auront ainsi plusieurs « salles d'homme », confortables, où le patient peut s'enfermer. De la littérature ou des films érotiques seront également disponibles pour l'aider. Aussi, des recommandations pratiques accompagnent le recueil : mesures d'hygiène, utilisation du réceptacle. Il est en effet important que la totalité du sperme soit recueillie dans le réceptacle ; sinon il faut en aviser le biologiste. Après le recueil, le sperme est aussitôt confié à un biologiste pour examen. Si l'homme habite à moins d'une heure de l'hôpital, ce prélèvement pourra être fait à domicile, avec la possibilité de le recueillir dans un préservatif sans latex ni spermicide, de verser le contenu dans un bocal et de l'amener ensuite.

Avant l'examen, on conseille souvent à l'homme une abstinence sexuelle durant trois jours afin de recueillir une quantité suffisante. Nombre d'entre eux s'abstiendront plus longtemps pour maximiser le prélèvement, mais cela ne change rien : au contraire, une abstinence prolongée entraîne une réduction de la mobilité des spermatozoïdes. Par contre, puisque le sperme met 74 jours à se fabriquer, il ne faut pas oublier de préciser au médecin tout ce qui est susceptible d'avoir affecté la production deux à trois mois avant : maladie, médicaments, chaleur excessive, etc. Un médicament comme la Nitrofurantoine utilisée pour les infections urinaires peut, par exemple, affecter les résultats de l'analyse du sperme.

Au final, le spermogramme permettra de vérifier cinq particularités :

- **le volume** du sperme : un échantillon normal devra faire de 2 à 5 ml. Sinon cela traduit un blocage des canaux, une éjaculation rétrograde, ou un problème de production par les glandes séminales ;

- **la concentration des spermatozoïdes** dans le sperme. S'ils sont inexistants, il s'agira d'une azoospermie. Cela représente 8 % des cas d'infertilité masculine. Il s'agit d'une cause hormonale : soit au niveau glandulaire, soit au niveau de l'hypophyse. En cas d'oligospermie, il y a moins de 20 millions de spermatozoïdes mobiles par millilitre. De 1 à 5 millions par millilitre, on parlera d'oligospermie « assez sévère » ; et on la qualifiera de « très sévère » quand il y a moins d'un million de spermatozoïdes par millilitre ;

- **la mobilité des spermatozoïdes**, c'est-à-dire le pourcentage de spermatozoïdes mobiles dans le sperme. La mobilité est mesurée dans l'heure qui suit le recueil et quatre heures après ; ainsi, le pourcentage de spermatozoïdes ayant une mobilité normale ne doit pas être inférieur à 40 % la première heure. Il y a en fait quatre catégories possibles : progression rapide et linéaire ; progression lente par mouvement erratique ; mobilité sans progression (les spermatozoïdes s'agitent mais n'avancent pas), ou immobiles. Un spermogramme est considéré comme normal lorsque 50 % des spermatozoïdes entrent dans la première et la deuxième catégorie. Sinon, on parlera d'asthénospermie ;

- **la morphologie des spermatozoïdes**, c'est-à-dire leur forme. On parlera de tératospermie quand plus de 80 % des spermatozoïdes ont une morphologie anormale. Au-delà de 40 % de formes anormales (anomalies de la tête ou de la queue), on estime qu'il y a déjà un risque d'entraîner une diminution du taux de fécondation. Mais les normes internationales admettent jusqu'à 70 % de formes anormales dans un sperme fécondant ;

- **le nombre de globules blancs** dans le sperme. Il devrait y en avoir moins d'un million par millilitre de sperme.

Le spermogramme examinera également **l'apparence du sperme**, sa viscosité et sa liquéfaction, son acidité, la présence d'agglutinats, et même ses **anticorps** (les recommandations récentes de l'OMS suggèrent que ce dosage soit fait dans tous les spermogrammes). L'apparence du sperme doit être de blanchâtre à grisâtre ; une teinte rougeâtre indiquant par contre la présence de globules rouges et d'une infection. Il doit aussi être visqueux puis se liquéfier après environ dix minutes, sans quoi les spermatozoïdes ne pourront pas se déplacer vers le col. Il doit être normalement alcalin, c'est-à-dire entre 7 et 8 de pH. Et enfin il ne doit pas s'agglutiner, comme il le fait quand il contient des anticorps antispermatozoïdes. S'il en contient, leur présence ne devra pas dépasser 50 %, sans quoi elle affecte la fertilité.

En pratique, dans la plupart des cas d'infertilité masculine, il s'agit d'oligo-asthéno-tératospermie (dit « OATS »). C'est-à-dire que le nombre, la mobilité et la forme des sperma-tozoïdes sont affectés. Mais il faut garder en tête que la qualité du sperme varie selon les moments ; si bien qu'en dehors de l'absence totale de spermatozoïdes, le médecin ne peut conclure à la stérilité d'un homme ; il préférera parler « d'hypofertilité ». Le spermatozoïde met près de trois mois à se fabriquer, donc tous les facteurs ayant pu gêner la spermatogenèse (comme une forte fièvre, un traitement médical lourd, une pneumonie, etc.) ne seront visibles que deux à trois mois plus tard dans le spermogramme.

Si le résultat est anormal, on prescrira ainsi un deuxième spermogramme après six à huit semaines pour confirma-tion (même un troisième en cas d'azoospermie), et un examen des hormones par prélèvement sanguin sera demandé (dosage hormonal). Et si les globules blancs sont supérieurs à un million par millilitre, on ajoutera un test permettant de déceler la présence d'infections.

Les consultations et examens complémentaires

Si après ces premiers examens, aucune cause d'infertilité n'a été diagnostiquée, ou au contraire si une affection a été trouvée mais qu'elle ne peut se confirmer que par un examen sophistiqué, un spécialiste de la fertilité s'occupera de la suite des examens.

Il prescrira peut-être à la femme une hystérographie (ou hystérosalpingographie), une hystéroscopie, une sonographie ou une laparoscopie. À l'homme : une nouvelle consultation avec spermogramme, et éventuellement une microchirurgie (lire chapitre 3, «*Les traitements*»).

L'hystérographie (ou hystérosalpingographie [HSG])

Elle est demandée systématiquement lors d'un bilan d'infertilité et dure environ une trentaine de minutes. L'examen s'effectue le plus souvent en première partie de cycle (cinq à dix jours après le début des menstruations) ou après un test de grossesse.

C'est une radiographie de l'utérus et des trompes, pratiquée après avoir injecté un produit de contraste opaque dans l'utérus. Elle permet de connaître la forme de la cavité utérine et de déceler une éventuelle anomalie. En effet, le passage du produit au niveau des trompes permet de vérifier leur perméabilité, et la diffusion du produit au niveau de la cavité abdominale permet de suspecter des adhérences (cela n'est pas un examen totalement fiable pour le diagnostic des adhérences).

Pour ce faire, le médecin pose un spéculum pour repérer le col; puis il introduit délicatement une petite canule dans le col de l'utérus par laquelle il injecte le produit opaque. Cinq à six clichés seront pris, de façon à représenter la cavité utérine et les trompes sous tous les angles, ainsi que le passage du produit. Si les trompes sont tout à fait normales, la dispersion du liquide injecté dans lacavité péritonéale, c'est-à-dire autour des ovaires, sera parfaitement visible. La recherche de chlamydia sera faite systématiquement avant l'hystérosalpingographie, car si une infection du col est présente au moment de l'examen, celui-ci peut faire migrer l'infection dans les trompes et causer une grave infection. Cet examen est réputé douloureux et désagréable, comme tous les examens gynécologiques. Mais bien pratiqué, la douleur ressemble à celle provoquée par des règles douloureuses et disparaît rapidement. La prise d'un anti-inflammatoire quelques heures avant l'examen diminuera de façon importante les crampes utérines.

Si les trompes sont obstruées, le spécialiste conseillera alors une laparoscopie, pour déterminer la nature, la taille de l'obstruction, et éventuellement réparer la trompe par chirurgie. Si elles ne sont pas bouchées, il prescrira une hystéroscopie pour vérifier la cavité utérine.

La laparoscopie

Cette chirurgie se développe de plus en plus ; car en plus de diagnostiquer, elle permet de « réparer » immédiatement. Elle sera proposée d'emblée si l'hystérosalpingographie a identifié une anomalie, notamment au niveau du passage des trompes. Mais plus généralement, la laparoscopie est effectuée :

- dès qu'il y a une forte suspicion d'infertilité tubaire (salpingite antérieure, grossesse ectopique antérieure ou hystérosalpingographie anormale) ;

- lorsqu'il y a une forte suspicion d'endométriose pelvienne (douleurs menstruelles de plus en plus importantes, douleur au cours des relations sexuelles, histoire familiale d'endométriose, ou présence d'un kyste ovarien suspect d'endométriose repéré à l'échographie pelvienne) ;

- en cas d'infertilité inexpliquée, s'il n'y a pas eu de grossesse avec quelques cycles de stimulation ovarienne, avec ou sans insémination. Chez ces femmes, le médecin recherchera une endométriose légère ou des adhérences. Si des lésions d'endométriose sont visualisées, elles seront retirées même s'il y a peu de lésions, car cela suffit parfois à restaurer la fertilité.

Comment cela fonctionne-t-il ?

L'examen consiste à explorer le pelvis et les organes génitaux grâce à une optique introduite par une petite incision ombilicale. Il nécessite une anesthésie générale de courte durée, et dure rarement plus de 20 minutes. La patiente est installée en position inclinée, la tête plus basse que les pieds, et un gaz est injecté dans la cavité péritonéale pour obtenir une bonne vision.

Au cours de la première phase (exploratoire), on peut déceler les éventuelles anomalies de l'utérus (fibrome, par exemple), des ovaires et des trompes. Puis, la laparoscopie permet d'opérer immédiatement, grâce à une courte incision pratiquée au-dessus du pubis, en introduisant un petit instrument chirurgical. Le médecin peut ainsi lever des adhérences, réséquer un kyste de l'ovaire, enlever des gros noyaux d'endométriose, le tout à ventre fermé pour simplifier les suites opératoires.

Après la laparoscopie, les femmes ressentent souvent une douleur aux épaules ; c'est à cause du gaz carbonique injecté dans le bas-ventre. Le gaz est toujours retiré après l'opération mais s'il persiste une petite quantité de gaz, c'est là que la douleur peut survenir. Les douleurs abdominales sont également normales après une laparoscopie, mais des analgésiques sont prescrits pour les soulager. La convalescence sera en général d'une semaine.

L'hystéroscopie

L'hystéroscopie consiste simplement à introduire une petite fibre optique par le col de l'utérus pour visualiser la cavité utérine. Elle permet au médecin :

- de vérifier l'aspect de la muqueuse utérine et de réaliser éventuellement des biopsies ;

- de préciser une image vue à l'hystérographie ;

- d'éliminer un myome sous-muqueux ou un gros polype, susceptibles de nuire à l'implantation ou de causer des fausses couches à répétition. Parfois, elle laissera aussi suspecter un septum utérin, si une cloison est visualisée dans l'utérus.

Aucune anesthésie ni hospitalisation n'est nécessaire. Dans certains cas, juste une anesthésie locale. L'examen se déroule lors de la consultation chez le spécialiste. Parfois, il est possible de suivre sur un écran l'image que visualise le médecin, de voir l'orifice des trompes et le fond utérin. Un cliché pourra vous être remis. Cette technique peut être répétée pendant le traitement de fertilité, pour s'assurer qu'aucune anomalie ne s'est constituée. Par contre, il faut absolument éviter de pratiquer l'hystéroscopie si un début de grossesse ou une infection génitale sont suspectés.

Le bilan immunologique et le caryotype

À partir d'une prise de sang, le **caryotype** permet l'analyse des chromosomes des cellules sanguines et, pour ce qui nous intéresse ici, il servira à rechercher les anomalies chromosomiques à l'origine d'une infertilité masculine ou féminine. Chez la femme, il sera prescrit en cas de fausses couches à répétition ou s'il y a insuffisance ovarienne prématurée (chez une femme de moins de 30 ans). Pour l'homme, ce sera en cas d'avortements à répétition chez sa conjointe, ou d'anomalie sévère du spermogramme (s'il y a azoospermie ou oligospermie sévère, une « microdélétion au niveau du chromosome Y » sera recherchée). On le prescrira aussi en cas d'absence de canal déférent, de syndrome de Kartagener, de syndrome de Young, ou de syndrome de Klinefelter (lire p. 50). Enfin, tout donneur potentiel de gamètes (spermatozoïde ou ovule) est aussi systématiquement soumis à caryotype.

Le bilan immunologique sert à rechercher la présence d'anticorps ou de maladies auto-immunes. Chez la femme, il vise aussi à détecter des anomalies de coagulation, pouvant être à l'origine des fausses couches à répétition. Habituellement, deux bilans sanguins sont prescrits à six semaines d'écart.

Chez l'homme, si le spermogramme est anormal, certains tests complémentaires seront en général proposés.

Ce sont la culture cellulaire, l'échographie, la biopsie testiculaire et l'étude chromosomique décrite plus haut.

La culture cellulaire servira à identifier une infection. L'inflammation d'un testicule peut en effet directement agir sur la production de testostérone, etdonc la production de spermatozoïdes. Si l'infection est grave, cela peut conduire à une azoospermie.

L'échographie sera utilisée pour examiner les testicules, le scrotum, l'épididyme, la prostate et les vésicules séminales. Grâce à elle, on détectera facilement une infection ou une inflammation, un problème au niveau du canal déférent ou éjaculateur, une obstruction ou une tumeur. Pour s'assurer qu'il n'existe pas de varicocèle, on utilisera un doppler, forme d'échographie étudiant spécifiquement le débit du sang dans les artères et les veines.

La biopsie testiculaire, utilisée en dernier recours lorsque l'absence de spermatozoïdes dans le sperme est inexpliquée, permettra de déterminer si des spermatozoïdes se développent ou non dans les testicules. S'il y en a, on pourra éventuellement en extraire en vue d'une FIV et d'une ICSI.

Chez la femme, il faut préciser que la biopsie de l'endomètre (petit prélèvement d'un petit fragment de muqueuse endométriale pour apprécier sa qualité), le test post-coïtal (analyse du comportement des spermatozoïdes au niveau de la glaire cervicale), le test de migration survie, ou encore le test de pénétration croisé (étude *in vitro* de la glaire de la patiente avec un sperme témoin) sont des tests qui ne se pratiquent quasiment plus en raison de leur très faible fiabilité.

L'INFERTILITÉ DÉCRYPTÉE

Infertilité, infécondité ou stérilité ?

Ces mots, souvent utilisés à tort et à travers, méritent enfin d'être précisés.

La fécondité est un état de fait : un couple est fécond s'il a eu au moins un enfant ; mais il est infécond s'il n'a pas encore procréé, qu'il en ait les capacités ou non (par exemple, parce qu'ils utilisent une méthode contraceptive).

L'infertilité, c'est l'incapacité pour un couple de concevoir après un an de rapports sexuels (selon les critères de l'Organisation mondiale de la santé). Mais cela ne veut pas dire qu'il ne le peut pas. Concevoir naturellement restera toujours possible, même après une FIV ! Certains auront même déjà eu des enfants avant d'être infertiles.

Enfin, on dira qu'un couple est stérile lorsqu'il y a une impossibilité absolue à concevoir de façon naturelle, du côté de l'homme, de la femme, ou des deux. C'est le cas lors d'une absence totale de spermatozoïdes chez l'homme, ou lors d'absence d'ovaires ou d'utérus chez la femme.

Quelques statistiques

Dans la plupart des pays industrialisés, on estime que l'infertilité touche un adulte sur dix au cours de sa vie. C'est-à-dire que 10 % des individus n'arriveront pas à concevoir d'enfant après un an d'essai, à un moment ou l'autre de leur vie. Au Canada, on parle donc de 330 000 personnes environ. Certaines études parlent même de 15 %.

La plupart du temps, il ne s'agit que d'une infertilité (ou hypofertilité) et non d'une stérilité. Seules 10 % des femmes infertiles sont réellement stériles, généralement à cause d'une occlusion des deux trompes. Chez les hommes, seuls

6 % d'entre eux sont stériles (absence de spermatozoïdes). Chez 84 % des couples, ce n'est donc qu'une diminution de leur fertilité ! Mais si l'infertilité touche les deux partenaires simultanément, et même quand les causes ne sont pas dramatiques, cette convergence est souvent redoutable : elle peut entraîner l'infécondité du couple alors que chacun des partenaires serait susceptible de procréer avec un tiers. La médecine devra donc, du mieux qu'elle le peut, diagnostiquer et guérir les deux altérations à la fois.

Voici à présent quelques statistiques concernant les causes de l'infertilité, l'âge des femmes recourant aux cliniques de fertilité, et enfin l'évolution du recours aux cliniques de fertilité depuis 10 ans. Ces statistiques viennent (pour la plupart) du rapport 2003 sur la reproduction assistée, publié par le Département américain de la santé (Center for Disease Control and Prevention). Mais partons du principe que ces statistiques sont très semblables à celles des pays occiden-

TABLEAU 12

L'infertilité selon la cause*

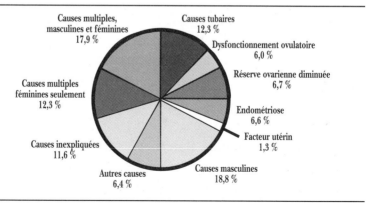

* Étant donné que les données ont été arrondies, le total n'équivaut pas à 100 %.

TABLEAU 13

L'infertilité et les fausses couches selon l'âge

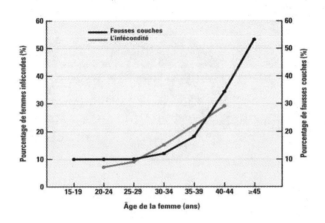

Crédit : Illustration CGT II Solutions and Enterprises LTD.

TABLEAU 14

Le taux de succès d'une FIV diminue avec l'âge

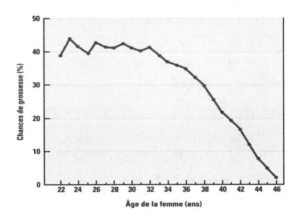

Crédit : Illustration CGT II Solutions and Enterprises LTD.

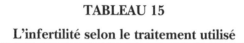

TABLEAU 15

L'infertilité selon le traitement utilisé

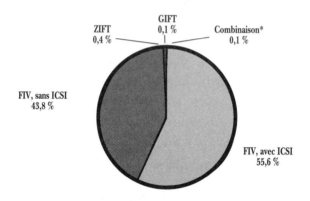

Remarques :
Les cycles annulés avant la ponction ont été classés comme FIV, GIFT ou ZIFT en fonction de la méthode voulue au départ.
Les ZIFT et GIFT (pour zygote ou gamete intrafallopian transfert) sont des transferts de gamètes ou d'embryons directement dans les trompes de Fallopes. Cette méthode est de plus en plus rarement pratiquée car elle est encore plus invasive que la FIV.
* Combinaison de FIV avec ou sans ISCI, et avec GIFT ou ZIFT.

taux comme le Canada et la France, où des chiffres si récents n'ont pas encore été publiés.

L'infertilité inexpliquée

Pour 15 % des couples qui viennent consulter, aucune explication n'apparaît, malgré tous les examens classiques. Certaines statistiques parlent même de 30 % des cas. C'est-à-dire que l'ovulation est régulière, les trompes sont perméables, la production de spermatozoïdes est bonne, et même les examens les plus perfectionnés (laparoscopie, dépistage des anticorps antispermatozoïdes) n'ont rien expliqué.

Dans ces cas-là, les médecins agiront surtout en fonction de l'âge. Si la femme a moins de 30 ans, et que le couple essaie de concevoir depuis moins de trois ans, il y a encore 60 % de chances pour qu'ils conçoivent spontanément pendant les trois années qui suivent. Il leur conseillera donc d'attendre un peu. Mais bien souvent, si les couples consultent en clinique de fertilité, c'est qu'ils ne sont pas prêts à attendre davantage. Alors le médecin les orientera vers un traitement pour stimuler l'ovulation ; si nécessaire, vers une insémination ; et éventuellement, vers une fécondation *in vitro* (lire chapitre 3).

Mais beaucoup de ces couples s'interrogent : « Est-ce que c'est dans ma tête que ça bloque ? » Ils savent bien – et avec raison – que la tête peut avoir beaucoup de pouvoir sur le corps. C'est par exemple le cas lorsqu'il y a, du côté de l'homme ou de la femme (surtout), un refus évident de grossesse lié à l'histoire personnelle. Nous y reviendrons (chapitre 8). Mais parfois, rien ne semblera faire obstacle, même après un long travail psychothérapique.

En matière de fertilité, il faut donc se garder d'une telle réponse simpliste. D'abord, parce qu'une infertilité « totalement » psychosomatique est impossible à diagnostiquer en tant que telle (souvent, seul le temps donne raison à ceux qui l'avaient identifiée). Ensuite parce que, comme le note le gynécologue français René Frydman, « père » de la première FIV française avec Jacques Testart : « Il est parfois difficile de déterminer si les troubles psychiques précèdent l'installation de la période d'infertilité, ou en sont une conséquence après une longue période d'attente. » Mais, puisque le taux de ces infertilités inexpliquées reste très important (15 %), il est logique que de plus en plus de recherches se fassent sur ces infertilités « psychosomatiques ».

Aussi, nombreux sont les chercheurs et médecins qui s'interrogent sur les causes immunitaires des infertilités inexpliquées. De quoi s'agit-il ? Le corps a naturellement un système de défenses immunitaires pour rejeter tout corps et toutes cellules qui lui seraient étrangers. En principe, pendant la grossesse, il réagit différemment envers l'embryon formé pour moitié de cellules étrangères (celles du père). L'embryon se trouve en quelque sorte protégé par des anticorps maternels, contre le système immunitaire maternel ! Seulement parfois, le corps de certaines femmes déclenche quand même une réaction auto-immune envers cet embryon, n'acceptant pas l'apport génétique paternel ; puis le rejette. Cela entre alors dans le cadre des infertilités inexpliquées et reste très difficile à diagnostiquer. De plus, aucun bilan immunologique ou de thrombophilie n'est proposé dans ces circonstances (seulement en cas de fausses couches à répétition).

Dans le domaine de l'infertilité inexpliquée, il reste donc de nombreux progrès à faire pour mieux comprendre les mécanismes cachés de la grossesse. À la Clinique Ovo, à Montréal, Louise Lapensée dit souvent à ses patientes, pour leur apporter un semblant de réponse, que « ce n'est pas parce que tous les tests sont normaux qu'il n'y a aucun problème ». « Nous n'avons actuellement aucun outil à notre disposition nous permettant d'évaluer la qualité des ovules (seulement la quantité) ou la capacité du sperme à féconder un ovule, particulièrement si le conjoint n'a jamais conçu, poursuit la gynécologue spécialiste de l'infertilité. Nous n'avons pas non plus les moyens d'évaluer la capacité de l'endomètre à recevoir l'embryon chez une femme qui n'a jamais été enceinte. Par contre, une grossesse antérieure, même s'il s'agit d'une fausse couche, sera un élément rassurant car nous savons alors qu'un embryon est capable de s'implanter.»

Et puis, Louise Lapensée rassure ses patientes avec quelques statistiques : «Chez les femmes de 35 ans et moins, pour une infertilité inexpliquée, nous avons 8 % de chances de grossesse avec stimulation au citrate de clomifène seul; 10 % par cycle en ajoutant l'insémination; 18 à 20 % avec des gonadotropines et inséminations; et 50 % par cycle en FIV.» Vous n'avez rien compris? Alors, lisez ce qui suit!

Chapitre 3

Les traitements disponibles : leur efficacité, leurs effets

Vous avez le mis le doigt sur le bobo ? Enfin ! Vous allez donc pouvoir aborder de front le traitement (on l'espère) salvateur. D'ailleurs, vous êtes enjoués et pressés, c'est normal. Votre médecin de son côté est impassible, technique, c'est normal aussi. Et il est essentiel que vos émotions se contrebalancent ainsi ! Mais cela ne veut pas dire qu'il n'a pas réfléchi longuement à votre cas et qu'il n'a pas de profonds espoirs en lui. Le traitement qu'il vous propose est sans doute celui qui vous correspond le mieux, au stade où vous en êtes. Car votre couple est unique, et qu'il n'y a pas de réponse standardisée à l'infertilité. Il n'y a qu'un éventail de solutions qui n'ont ni les mêmes exigences, ni les mêmes coûts, ni les mêmes résultats.

LES TRAITEMENTS HORMONAUX

Les traitements hormonaux chez la femme

C'est une des prises en charge les plus courantes de l'infertilité féminine. Le traitement hormonal peut même être prescrit en première ligne par votre médecin, en dehors des cliniques de fertilité. Il visera à stimuler l'ovulation lorsqu'elle est absente ou irrégulière. On parle en fait d'une « induction de l'ovulation » chez une femme anovulatoire (qui n'ovule pas), ou d'une « stimulation ovarienne », chez une femme ovulatoire. Pour cette dernière, le but du traitement sera alors simplement de produire plusieurs ovules, pour augmenter les chances de fécondation. C'est exactement pour cela, aussi, que ce traitement précède les inséminations artificielles ou les fécondations *in vitro* : pour rendre la femme « hyperfertile » et multiplier le nombre d'ovulations.

En quoi cela consiste-t-il ? Pour stimuler l'ovulation, on recourt presque toujours au citrate de clomifène, qui est un ovulant. Les marques les plus courantes sont Clomid ou Serophen.

En fait, le citrate de clomifène stimule la production de gonadotropines naturelles. C'est un anti-œstrogène : il bloque les effets de l'œstrogène à travers le corps (les œstrogènes sont produits par les follicules). L'hypophyse ne perçoit alors qu'un faible niveau d'œstrogènes en circulation, et réagit automatiquement en sécrétant davantage de FSH, pour stimuler la croissance de follicules dans les ovaires et rétablir ainsi le niveau d'œstrogènes.

Il se prend oralement, cinq jours par mois, en prenant habituellement des comprimés de 50 mg du 3e au 7e jour du cycle. Puis, les mois suivants, si l'ovulation n'a pas eu lieu, la dose peut être augmentée à 100 mg (beaucoup plus rarement à 150 mg).

On conseillera au couple d'avoir un rapport sexuel le jour « présumé » de l'ovulation, qui sera repéré grâce à un test d'urine ou par un suivi échographique. Il est conseillé d'avoir un rapport le jour du test positif et le lendemain.

Si les résultats sont positifs, ils sont en général rapides : 80 % des grossesses issues d'un traitement au clomifène se déclenchent pendant les trois premiers mois du traitement. Ce traitement ne sera donc jamais utilisé seul plus de trois mois.

Par contre, s'il y a échec, le traitement au citrate de clomifène sera poursuivi, mais couplé avec l'insémination intra-utérine du sperme du conjoint pour les trois cycles suivants. Là encore, l'insémination sera synchronisée avec l'ovulation à l'aide des bâtonnets de LH (test d'urine) ou du suivi échographique.

S'il n'y a pas de grossesse après ces trois mois ou que les ovaires ne réagissent pas (ce qui est souvent le fait de femmes dépassant la quarantaine, ou de femmes aux ovaires polykystiques), le médecin aura alors recours à une stimulation plus intense, grâce à des injections de gonadotropines (par exemple Gonal-F ou Follistim). Ces hormones imitent les gonadotropines naturellement produites par le corps et stimulent directement les ovaires. Il faut donc être très prudent pour éviter l'hyperstimulation et les grossesses multiples. Ces hormones seront donc injectées par toutes petites quantités, augmentées graduellement jusqu'à l'obtention d'une ovulation. Le bon jour, elles seront ensuite couplées avec l'insémination intra-utérine.

La réussite de ces traitements hormonaux dépendra de nombreux facteurs tels que : l'âge de la patiente, la présence d'endométriose ou d'adhérences pelviennes, la qualité du sperme, etc. S'il y a échec, un traitement par fécondation *in vitro* sera alors conseillé.

- **Effets secondaires**

Comme tous les médicaments, la liste des effets secondaires est longue, mais cela ne signifie pas que vous serez concernée par tous ces effets, heureusement. Le citrate de clomifène peut entraîner des maux d'estomac, des troubles intestinaux, une légère prise de poids, des maux de tête, une photophobie (sensations visuelles pénibles produites par la lumière), des étourdissements, des bouffées de chaleur, des douleurs mammaires et parfois une dépression. Puisqu'il bloque les œstrogènes, on lui reproche également d'assécher la glaire cervicale et donc de la rendre hostile aux spermatozoïdes. Enfin, dans 15 % des cas, et notamment en cas de traitement par gonadotropines synthétiques (la seconde option), on aboutit à une hyperstimulation ovarienne : trop d'œufs sont produits ; les ovaires deviennent gonflés et douloureux ; et une rétention de fluides gonfle souvent l'abdomen. Le médecin ajustera le traitement en conséquence et parfois l'arrêtera, notamment si des kystes de l'ovaire augmentent en taille. Et l'hyperstimulation régressera d'elle-même.

On estime ainsi que le citrate de clomifène accroît de 9 à 10 fois le risque de grossesses gémellaires. Du même coup, cela augmente aussi le nombre de naissances prématurées, avec son lot de complications médicales pour les enfants à naître. Mais en principe, un suivi échographique régulier des follicules ovariens pendant tout le traitement permet presque toujours d'éviter l'hyperstimulation et les grossesses multiples.

Il faut enfin ajouter que certaines études relient l'usage prolongé du citrate de clomifène avec un risque accru de cancer des ovaires et un taux plus élevé de fausses couches. Mais les études ne sont pas encore très précises et, aux dernières nouvelles, seul un usage prolongé de citrate de clomifène (pendant plus de 12 mois) multiplierait ces risques.

- **Le cas particulier des ovaires polykystiques**

Pour les femmes dont les ovaires sont polykystiques et qui n'ovulent pas du tout (anovulatoires), le traitement hormonal sera légèrement différent. D'abord, il n'est pas nécessaire d'extraire ces kystes par chirurgie, puisqu'ils ne sont pas cancéreux et n'entraînent pas non plus de risques de cancer pour l'ovaire. Ils viennent simplement d'un déséquilibre hormonal ; en général d'une sous-production de progestérone et de FSH, couplée à un taux élevé de LH, d'androgènes ou d'œstrogènes. Du coup, le traitement pour restaurer l'ovulation sera surtout hormonal.

Le médecin prescrira d'abord la pilule ou de la progestérone ; puis il induira l'ovulation avec du citrate de clomifène. Mais un autre traitement très efficace consiste à prendre de la metformine. C'est un hypoglycémiant, administré par voie orale, généralement utilisé pour équilibrer le glucose sanguin chez les diabétiques de type 2. Mais il diminue aussi les hormones mâles et, du même coup, entraîne très souvent un retour de l'ovulation. De plus, il a l'avantage de diminuer le risque de grossesses multiples, ainsi que le risque de fausses couches, souvent augmenté par le citrate de clomifène.

Les effets secondaires sont surtout digestifs, avec des crampes et/ou des diarrhées, en particulier le premier mois.

Après avoir débuté la metformine ou le citrate de clomifène, la patiente retournera chez le médecin avec une courbe de température. Lorsqu'une ovulation est confirmée, le traitement est poursuivi au moins pendant six cycles d'ovulation, avant d'envisager l'ajout d'inséminations. Mais statistiquement, la plupart de ces femmes deviendront enceinte lors des six premiers mois du traitement. Bien sûr, la perméabilité tubaire aura également été vérifiée, soit avant de débuter le traitement, soit après trois cycles ovulatoires si la femme n'est toujours pas enceinte.

Enfin, chez les femmes aux ovaires polykystiques, il faut préciser que la perte de poids est aussi une étape essentielle du traitement. Un bon nombre de femmes deviendront ovulatoires uniquement grâce à la perte de poids, puisque la perte de poids permet de diminuer la résistance à l'insuline ainsi que les hormones mâles.

Les traitements hormonaux chez l'homme

Dans les faits, moins de 5 % des hommes infertiles présentent un trouble hormonal susceptible d'être traité par une hormonothérapie (ou par des médicaments). Mais avant tout autre traitement, leur équilibre hormonal sera bien sûr vérifié. Une prise de sang mesurera le taux des principales hormones : FSH, LH, prolactine et testostérone.

Si les examens concluent à un faible taux de testostérone et de FSH, cela vient souvent d'un trouble de l'hypothalamus. Dans ce cas, un supplément hormonal peut être administré sous forme d'injections, de pilules, ou par une combinaison des deux. Souvent, cela suffit à rétablir la production de spermatozoïdes à un niveau normal.

Par contre, si l'hypophyse produit trop d'hormones, la thérapie hormonale est inutile. Par exemple, un taux élevé de LH et FSH, combiné à un faible taux de testostérone, indique souvent une insuffisance testiculaire qu'il faut traiter par chirurgie.

Les hommes qui ont d'autres problèmes hormonaux, comme des maladies thyroïdiennes ou du diabète, sont quant à eux dirigés vers un endocrinologue, médecin spécialiste des troubles endocriniens et hormonaux. Et le traitement de ces affections, là encore, rétablit spontanément la production de spermatozoïdes.

- **Effets secondaires**

Ce sont sensiblement les mêmes que pour la femme. L'homme pourra éprouver de l'irritabilité, une légère prise de poids, des bouffées de chaleur, des maux de ventre, des douleurs au niveau des seins, un changement de sa libido (désir sexuel).

LES CHIRURGIES

Les chirurgies chez la femme

Chez la femme, la chirurgie concerne essentiellement la réparation de ses trompes endommagées. Les spécialistes parlent de « chirurgie tubaire ». Il s'agit soit de désobstruer la trompe, soit de reconstituer le pavillon de l'ampoule tubaire, s'il a été endommagé.

Pour un chirurgien expérimenté, presque toutes les atteintes tubaires et même les déligatures peuvent se faire par laparoscopie. Il introduit par l'ombilic une optique pour explorer le petit bassin, puis, à l'aide d'une ou deux petites incisions cutanées au-dessus du pubis, il glisse des instruments chirurgicaux très fins pour opérer. Mais il faut savoir que les médecins sont parfois réticents à opérer les trompes si le dommage est sévère, et la FIV est alors proposée.

La laparoscopie est également souvent conseillée pour compléter le bilan d'infertilité, à titre d'exploration. Chez 30 à 40 % des femmes par exemple, de l'endométriose sera découverte. Ces lésions sont alors traitées lors de la même chirurgie.

Les chirurgies chez l'homme

Du côté de l'homme infertile, la chirurgie sera très utile pour soigner des varicocèles ou encore pour extraire du sperme de l'épididyme ou du testicule.

- **Le traitement des varicocèles**

Pour traiter les varicocèles, le chirurgien doit séparer les veines enflées des testicules, et pour cela, trois solutions sont possibles : une chirurgie « ouverte », une laparoscopie, ou une technique percutanée. Par la chirurgie ouverte, habituellement faite sous anesthésie générale, le médecin pratique une incision sur 2 ou 3 cm dans la partie la plus basse de l'abdomen, puis sépare soigneusement les veines des testicules des autres tissus. La méthode est presque toujours un succès, mais une récidive peut toujours se produire et nécessiter une nouvelle chirurgie dans 5 % des cas. Si le médecin choisit la laparoscopie, il pratique trois petites incisions de 1 à 2 cm chacune dans l'abdomen. Cela permet alors d'insérer une fine sonde optique dans l'une ou l'autre des ouvertures et d'examiner l'intérieur de l'abdomen. Il repère alors les veines enflées et les ligature. Comme pour la chirurgie ouverte, cet acte nécessite une anesthésie générale et un arrêt de travail de cinq à sept jours. Les taux d'échec et de récidive sont comparables à la chirurgie ouverte.

Enfin, avec la technique percutanée, le médecin introduit un tube très fin dans l'une des grosses veines de la région du cou et de l'aine, jusqu'à atteindre directement la veine qui gène le testicule. Un petit serpentin d'acier inoxydable est alors laissé pour bloquer la veine de l'intérieur. Cette méthode est réalisée sous sédatif et avec une anesthésie locale, au niveau de la zone d'entrée du tube. Elle a l'avantage d'être rapide, puisque la plupart des hommes peuvent reprendre le travail dès le lendemain. Mais le taux de réussite est beaucoup plus faible que les techniques précédentes, et dans 10 % des cas, on ne réussit pas à bloquer la veine. Une chirurgie est alors à nouveau nécessaire.

Enfin, il faut préciser que si la varicocèle ne peut être décelée qu'avec l'échographie et qu'elle est non palpable cliniquement, il est souvent déconseillé de la retirer. Car il est rare que cela permette au spermogramme de s'améliorer.

- **L'extraction de spermatozoïdes**

Pour d'autres hommes infertiles, la chirurgie servira à extraire du sperme de l'épididyme (petit canal juste au-dessus du testicule, où passent les spermatozoïdes), ou encore du testicule.

Si les canaux éjaculateurs sont absents ou bloqués, à cause d'une vasectomie ou d'une maladie congénitale par exemple, le sperme sera prélevé directement dans l'épididyme (ou plutôt microaspiré), car il y est le plus souvent parfaitement en santé. Cette aspiration épididymaire percutanée (surnommée «PESA») se fera aussi bien sous anesthésie générale que sous anesthésie locale. Par contre, si elle se fait par microchirurgie («MESA»), elle se fera toujours sous anesthésie générale.

Dans les cas où l'épididyme est endommagé ou manquant, il est maintenant possible d'extraire le sperme directement de son «usine de production», les testicules. Pour cela, le chirurgien choisira soit de faire une ponction transcutanée (une aspiration testiculaire à l'aiguille), soit de prélever le sperme par des micro-incisions dans le testicule. C'est une biopsie testiculaire («TESE»). Celle-ci était surtout indiquée au départ pour les patients souffrant d'une azoospermie obstructive, mais elle a été étendue aux patients atteints d'une azoospermie « sécrétoire », comme c'est le cas avec le syndrome de Klinefelter (lire p. 50).

L'INSÉMINATION ARTIFICIELLE

L'insémination intra-utérine permet de déposer le sperme dans l'utérus grâce à un petit cathéter souple. Historiquement, c'est l'insémination artificielle avec don de sperme (IAD) qui est la plus ancienne : la première a été officiellement réussie aux États-Unis, en 1884 ! Quant au Canada, le premier cas d'insémination avec donneur reporté date de 1950, à Toronto. Puis l'insémination intra-utérine a été utilisée avec le sperme du conjoint, surtout depuis que la stimulation ovarienne est au point.

Indications

L'insémination intra-utérine est particulièrement recommandée en cas d'infertilité inexpliquée, lorsqu'un couple essaie de concevoir depuis au moins deux ans sans que les médecins aient réussi à établir la cause exacte de l'infertilité. Mais on la recommande, plus généralement, dans tous les cas de « subfertilité » : facteur tubaire léger (trompes bouchées), endométriose, facteur mâle léger (faiblesse des spermatozoïdes), où l'insémination sera alors combinée à une stimulation ovarienne chez la femme.

L'insémination seule, sans stimulation ovarienne, est seulement indiquée en cas de facteur mâle léger ou pour l'insémination avec donneur (par exemple quand il y a un risque important de transmission d'une affection grave pour l'enfant).

Dans tous les autres cas, il faut que la stimulation ovarienne soit ajoutée, car les études démontrent qu'une insémination avec le sperme « normal » du conjoint, lors d'un cycle naturel, n'augmente pas les chances de grossesse par rapport à une simple relation sexuelle.

Par contre, elle n'est pas recommandée pour les hommes souffrant d'une infertilité avec oligoasthénospermie modérée ou sévère (moins d'un million par millilitre) : ils seront alors directement envoyés vers la fécondation *in vitro*.

Le traitement

Comme on vient de le voir, les médecins conseilleront souvent de combiner l'insémination intra-utérine avec une simulation de l'ovulation déclenchée (une « superovulation ») pour multiplier les chances de succès. L'objectif est alors de stimuler la production de deux à cinq ovules, grâce à la prise de citrate de clomifène ou d'hormones. Mais cela implique alors une surveillance étroite des follicules ovariens par analyse sanguine et échographie, pour éviter les effets secondaires et les grossesses multiples.

Puis, quand deux ou trois follicules auront atteint la taille désirée, l'ovulation sera déclenchée au moyen d'une nouvelle injection d'hormones (hCG). Il sera alors temps d'inséminer le sperme de l'homme. L'échantillon de sperme est recueilli le matin de l'ovulation, préparé et inséminé dans l'utérus de la femme le jour même.

Si l'ovulation n'est pas déclenchée par traitement hormonal (par exemple en cas de cycles très réguliers ou d'intolérance aux hormones), il faudra surveiller étroitement l'ovulation naturelle et la synchroniser avec l'insémination. Les deux méthodes les plus efficaces sont alors de suivre à l'échographie les follicules, et de détecter le pic de l'hormone LH, juste avant l'ovulation, grâce à des bâtonnets trempés dans l'urine. Puis le médecin fera deux inséminations à 24 heures d'intervalles, encadrant l'horaire supposé de l'ovulation.

Efficacité

La fécondation intervient dans 10 à 20 % des cycles en fonction de plusieurs facteurs : la qualité du sperme, l'état des trompes de la femme, la stimulation ou non de l'ovulation, et surtout selon l'âge de la femme. Mais dans tous les cas, les résultats seront toujours inférieurs à ceux de la FIV.

Effets secondaires

Les complications de l'insémination intra-utérine sont rares. Mais s'il y en a, elles prendront la forme d'infections (traitables par antibiotiques) ou de crampes utérines passagères. Les risques les plus courants sont en fait liés à la stimulation de l'ovulation : syndrome de l'hyperstimulation ovarienne, douleurs dans l'abdomen, nausées, risque élevé de grossesses multiples. Ces risques sont de 5 à 10 % avec une stimulation par citrate de clomifène, et de 20 % avec les gonadotropines (pour en savoir plus sur l'hyperstimulation, lire page 176).

LA FÉCONDATION *IN VITRO*

En 1969, une toute première fécondation *in vitro* (FIV) était obtenue en laboratoire par Robert Edwards. Mais le Dr Edwards a dû attendre le 25 juillet 1978, à 23 h 35, pour que Louise Brown, premier bébé FIV, pousse son premier cri, à Oldham, en Angleterre. Un cri qui fit trembler la planète, tant il a fait de vagues médiatiques ! Sa mère avait eu recours à la FIV à cause de ses trompes de Fallope bloquées de manière irréparable. Or, ce miracle, elle le doit à deux blouses blanches maintenant bien connues : les Britanniques Patrick Steptoe et Robert Edwards, qui ont travaillé de longues années avant cela dans leurs laboratoires de Londres et de Cambridge. En 1981, c'est au tour des Américains d'accueillir leur premier bébé FIV : Elizabeth Carr naît au Jones Institute, à Norfolk, en Virginie. Et, en 1982 naît Amandine, premier bébé éprouvette français. Dans les années qui suivront, la FIV sera pratiquée presque partout dans le monde.

Indications

Pendant longtemps, la FIV n'a concerné que les femmes dont les trompes étaient bloquées. Puis l'infertilité masculine est devenue la deuxième principale indication, notamment depuis que l'injection directe du spermatozoïde dans l'ovule (ICSI) est possible.

Aujourd'hui, la FIV couvre presque toutes les causes d'infertilité : les problèmes « mécaniques » qui empêchent la rencontre des gamètes, comme l'altération des trompes ou l'endométriose ; les troubles de l'ovulation, les anomalies de la glaire cervicale, la présence d'anticorps contre les spermatozoïdes, les anomalies du sperme et les infertilités inexpliquées.

Statistiquement, voici les raisons pour lesquelles les couples recourent à la FIV :

- Facteurs multiples, masculins et féminins : 17,9 %
- Facteur masculin (faiblesse ou absence de spermatozoïdes) : 18,8 %
- Facteur féminin : 46,7 %
  - Stérilité tubaire (trompes) : 12,3 %
  - Endométriose : 6,6 %

115

– Problèmes ovulatoires : 6 %

– Diminution de la réserve ovarienne : 6,7 %

– Facteur utérin : 1,3 %

– Facteurs multiples : 12,3 %

• Infertilité inexpliquée : 11,6 %

• Autres causes : 6,4 %

(Source : CDC ART Report, 2003)

Le traitement

Essentiellement, la FIV consiste à faire rencontrer l'ovule et les spermatozoïdes en dehors du corps de la femme puis, quelques jours plus tard, à placer dans son utérus le jeune embryon pour qu'il puisse s'y développer. Elle vient du latin *in vitro*, car, à l'origine, la fécondation se faisait sur un petit contenant de verre, même si aujourd'hui, il est en plastique.

Elle comprend de multiples étapes, qui seront vues en détail au quatrième chapitre de ce livre. Mais on peut déjà dire qu'elle comporte quatre phases. En premier, la stimulation des ovaires par injections hormonales permettra d'obtenir un grand nombre d'ovules matures (au lieu d'un seul) et d'augmenter les chances d'obtenir au moins un œuf fécondé. Ceux-ci seront ensuite recueillis par ponction, par voie vaginale et sous contrôle échographique. Puis ils seront inséminés en laboratoire, *in vitro*, par du sperme recueilli également au préalable. Enfin, certains des embryons obtenus seront transférés dans l'utérus ; tandis que les autres seront congelés.

S'agissant des risques et des effets secondaires du traitement, ils font aussi l'objet d'un chapitre indépendant. Rendez-vous page 175 !

LA FIV ET LA MICRO-INJECTION
DE SPERMATOZOÏDES (ICSI)

Lorsque l'homme a des spermatozoïdes un peu faibles ou absents, on peut associer à la fécondation *in vitro* la micro-injection. Cette technique est couramment appelée ICSI, à cause de son appellation anglaise : « Intra Cytoplasmic Sperm Injection ».

Elle consiste à injecter un unique spermatozoïde directement dans le cytoplasme de l'ovule ; lui évitant ainsi l'obstacle de la zone pellucide qui protège la cellule féminine ; cela s'exécute sous contrôle du microscope et à l'aide de petits instruments adaptés. Ses avantages ? En plus de surmonter de nombreuses infertilités masculines, elle ne nécessite qu'un seul spermatozoïde, dès lors qu'il est bien choisi ! Il n'y a aussi aucun risque de polyspermie (lorsque plusieurs spermatozoïdes fécondent l'ovule et forment un œuf anormal) contrairement à la FIV.

À vrai dire, c'est une technique découverte par hasard. Selon la légende, un médecin du centre de reproduction de l'Université de Bruxelles (l'équipe d'André Van Steirteghem et de Paul Devroey) aurait poussé une pipette un peu trop loin lors d'une Suzi (technique qui consiste à placer plusieurs spermatozoïdes sous la membrane pellucide de l'ovule), perforant ainsi la membrane de l'ovule. Un enfant est né de cette « erreur de manipulation » en 1992, puis la technique s'est diffusée dans le monde entier ! On reproche donc, encore aujourd'hui, à cette technique de n'avoir jamais été expérimentée, si ce n'est en direct sur l'homme, alors qu'elle est pourtant utilisée aujourd'hui en routine : près d'une FIV sur deux sont aujourd'hui faites avec une ICSI. Mais nous reviendrons sur ses effets secondaires potentiels au chapitre suivant, en même temps que ceux de la FIV.

Indications

L'ICSI se justifie quand :

- la concentration ou la mobilité des spermatozoïdes de l'homme est très faible ;
- des anomalies de mouvement empêchent les spermatozoïdes de traverser les enveloppes de l'ovule ;
- les spermatozoïdes doivent être prélevés directement des testicules ou de l'épididyme dans les cas d'obstruction ;
- le traitement des varicocèles ou l'inversion d'une vasectomie ont échoué ;
- enfin, lorsqu'il y a eu échec de fécondation à l'occasion d'une FIV.

En effet, dans les cliniques sérieuses et pour des raisons éthiques, l'ICSI ne sera généralement pas utilisée s'il y a eu fécondation normale lors d'une FIV antérieure, même s'il y a eu échec de grossesse.

Efficacité

Les taux de grossesses dépendent presque strictement de l'âge de la femme. Elles vont de moins de 20 % par cycle chez les femmes après 40 ans, à 75 % par cycle chez les femmes de moins de 30 ans, dans les meilleures cliniques.

LA FIV ET LE DIAGNOSTIC PRÉIMPLANTATOIRE (DPI)

La FIV, en mettant « à jour » l'embryon, permet également son analyse génétique. Concrètement, le médecin extrait une cellule de l'embryon âgé de trois jours et analyse son bagage génétique ; c'est presque une forme de « check-up » très, très, très avancé du futur bébé ! Le premier enfant issu d'un embryon diagnostiqué est né en 1989.

Indications

Le DPI permet, avant tout, de dépister les embryons porteurs d'une maladie génétique et de choisir les embryons sains pour le transfert. Il est par exemple possible de dépister, à l'état embryonnaire : la fibrose kystique, la maladie d'Huntington, la myopathie de Duchenne, l'hémophilie A et B, la maladie de Tay-Sachs, l'Alzeimer hâtive, la dystrophie musculaire, le syndrome de Turner, le syndrome de Lesch-Nyhan, ou encore le Syndrome du X fragile... Cela dépend des cliniques de fertilité, mais potentiellement, un centre tel que le Reproductive Genetics de Chicago est capable de tester plus de 110 maladies génétiques sur les embryons. Mais au Québec ce dépistage n'est pas du tout systématique ; il se fait seulement lorsqu'il y a des risques connus de transmission. D'autres pays, comme certains États des États-Unis, le pratiquent d'ailleurs systématiquement.

On peut aussi se servir de cette technique pour déterminer le sexe d'un embryon en cas de risque de transmission d'une maladie héréditaire liée au sexe, comme la dystrophie musculaire de Duchenne, liée au sexe masculin. Ou encore, pour sélectionner un embryon dont le profil génétique est le même que celui d'une autre personne dans sa famille (habituellement un frère ou une sœur), lorsque celle-ci est atteinte d'une maladie nécessitant une greffe.

Par contre, dans les cas de fausses couches répétées ou lorsque la femme est plus âgée, le recours au DPI est controversé. Il est moins efficace qu'on le croyait initialement, et la stratégie de replacer plus d'embryons dans l'utérus, en laissant la sélection naturelle opérer, semble tout aussi efficace, disent les plus récentes études. Surtout que, chez ces femmes «à risque de fausses couches», les risques de grossesses multiples sont beaucoup moins élevés.

Il faut aussi préciser les autres inconvénients du DPI : en plus d'être coûteux, il y a toujours le risque de tuer l'embryon en lui prélevant une cellule (10 % de risque). Du coup, dans la plupart des cliniques, seules les femmes avec plus de dix embryons de bonne qualité disponibles seront éligibles pour le diagnostic préimplantatoire.

Il existe aussi un débat éthique, depuis longtemps, au sujet du DPI. Puisque chaque caryotype livre en même temps le sexe et beaucoup d'autres informations pouvant motiver une sélection par les parents, il y a toujours le risque que des parents veuillent l'utiliser sans que cela soit justifié médicalement. Doivent-ils avoir le droit, par exemple, de choisir le sexe, la couleur des yeux et des cheveux de leur enfant ? Le débat est ouvert. Mais à l'heure actuelle, au Canada et dans la plupart des pays européens, seules les indications médicales justifient l'accès à un DPI.

LA FIV AVEC DON DE GAMÈTES

Le don de sperme

Le don de sperme, comme recours à l'infertilité, existe probablement depuis le XIVe siècle ! Or, il sert encore aujourd'hui, régulièrement, dans le cadre des inséminations artificielles et des FIV. Certes, il est un peu moins utilisé depuis que l'ICSI est au point, puisqu'on traite aujourd'hui les azoospermies les plus sévères en allant chercher les spermatozoïdes dans les testicules même du partenaire infertile. Mais au Québec, où la FIV et l'ICSI ne sont pas couverts par l'assurance maladie, le don de sperme est parfois la seule option pour les couples.

- **Indications et traitement**

Il s'adresse surtout aux couples dont le conjoint ne produit aucun spermatozoïde, aux femmes seules qui recourent à la FIV, ou encore aux couples de femmes homosexuelles. Le traitement ressemble aux autres traitements d'inséminations intra-utérines. À la seule différence qu'avec le don de sperme, les premiers cycles d'inséminations se font sur le cycle spontané de la femme (donc non stimulé), pour éviter les grossesses multiples, car la femme a en général une fertilité normale.

- **Procédures**

Au Canada, le don de sperme est le plus souvent anonyme et passe par les banques de sperme. Le don dirigé (par exemple par un ami) est toujours possible, mais des considérations éthiques font en sorte qu'il doit être bien encadré. Le donneur dirigé doit, entre autres, se conformer à toutes les exigences de Santé Canada, comme pour le don anonyme. Une fois donné, le sperme est en effet congelé et mis en quarantaine, puis subit différents tests pour éviter qu'aucune maladie ne soit transmise à la mère ou au fœtus. D'ailleurs, n'est pas donneur qui veut. Il faut être âgé de 18 à 41 ans et être un « très bon donneur », c'est-à-dire avoir du sperme de très bonne qualité. Enfin, s'il est fourni par la banque de sperme, le sperme sera sélectionné en fonction du physique du père infertile.

La loi canadienne sur la reproduction assistée du 29 mars 2004 a apporté d'importantes nouveautés. Non seulement elle met fin à l'anonymat, mais elle interdit également la rémunération des donneurs (rejoignant ainsi plusieurs pays dont la France, l'Allemagne et l'Australie). La raison est d'ordre éthique : aucun matériel humain ne doit pouvoir être commercialisé, pas plus les gamètes reproductifs que les organes. Seule chose possible, désormais : une «compensation» des frais occasionnés, notamment des frais de déplacement.

Or, même si le principe est légitime, les effets pervers de cette loi se font déjà sentir, selon de nombreuses cliniques de fertilité. En effet, les banques de sperme canadiennes ont de moins en moins de volontaires pour les fournir et elles elles seront peut-être «à sec» d'ici peu.

Par exemple, Outreach Health Services, filiale torontoise de l'américaine Xytek, confirmait récemment avoir abandonné le recrutement de donneurs canadiens. Elle n'offre plus que du «sperme américain». Quant à la canadienne Repromed, de Toronto, le nombre de donneurs y aurait diminué de 70 % depuis mars 2004. Si bien qu'aujourd'hui, 90 % du sperme utilisé au Canada serait importé des États-Unis. Du coup, beaucoup redoutent que ne s'installe au Canada un «marché noir» entre donneurs et demandeurs, où aucun contrôle de la qualité du sperme ne sera possible. Contre cela, la France a trouvé une parade : les banques de sperme sont chapeautées par un organisme public. Dans les Centres d'étude et de conservation des œufs et du sperme humains, les Cecos, le don est anonyme et gratuit ; et la qualité du sperme est étroitement contrôlée. Mais rien de tel encore au Canada.

Par contre, aux États-Unis, où la rémunération des donneurs est permise, les banques de sperme sont nombreuses et bien remplies. Quelques simples mots-clés tapés sur le réseau Internet de votre ordinateur suffiront à le prouver. SpermCenter. com, portail Internet des banques de sperme aux États-Unis, revendique à ce jour plus de 1 000 donneurs à votre disposition. Pour 25 dollars par semestre, vous avez accès à une base de données ultracomplète. Il sera même possible de sélectionner un donneur sur son dossier et tout son historique médical, culturel, ethnique, ses traits de personnalité, ses goûts, ses loisirs… Son sperme pourra être acheté et envoyé directement au bureau d'un docteur, quel que soit l'endroit aux États-Unis !

Le don d'ovule

Le premier bébé né d'un don d'ovule a vu le jour en 1984, en Australie, à Melbourne. Au Québec, il se pratique depuis 1998 et constitue un peu moins de 10 % des FIV. C'est très coûteux pour le couple receveur. Mais le don d'ovule n'en reste pas moins populaire, car la femme infertile peut vivre l'expérience de la maternité, tout en permettant l'utilisation du sperme du conjoint.

Essentiellement, le don d'ovule est indispensable pour :

- les femmes qui présentent une ménopause précoce, peu importe l'âge (tant que la femme a moins de 50 ans, du moins dans la plupart des cliniques) ;

- celles dont les ovaires sont absents, ou ne fonctionnent pas (par exemple à cause d'un syndrome de Turner, d'une intervention chirurgicale, d'une chimiothérapie ou d'une radiothérapie), ou celles encore dont les ovaires connaissent des troubles de la croissance folliculaire ou un problème de qualité d'ovule ;

- les femmes qui étaient candidates à la FIV mais dont les ovaires sont totalement inaccessibles ou ne répondent pas à la stimulation ;

- quand il y a risque élevé de transmission de maladie génétique grave pour l'enfant, ou un passé de fausses couches à répétition pour des raisons génétiques.

- **Traitement**

Une fois la donneuse trouvée, elle devra passer quelques entretiens et subir des tests. La donneuse va rencontrer le généticien qui l'interrogera sur ses antécédents familiaux afin de détecter d'éventuelles maladies génétiques puis, tout comme la receveuse, elle rencontrera le psychologue, pour s'assurer qu'elle a conscience de l'enjeu du don à venir. Viendra ensuite un bilan infectieux, puis des tests de fertilité, notamment une évaluation de sa réserve ovarienne. Presque toujours, on exige que la donneuse ait moins de 35 ans et une fertilité normale.

Ensuite, une infirmière va coordonner un jumelage des traitements, de façon que les cycles menstruels de la donneuse et de la receveuse soient parfaitement synchronisés. La receveuse prendra de l'œstrogène et de la progestérone pour préparer son utérus à recevoir l'embryon ; tandis que la donneuse débutera le traitement de FIV. Elle commencera donc par une stimulation de son ovulation, supposant des injections quotidiennes deux à trois semaines avant le don, ainsi qu'un suivi échographique. La suite du traitement ressemble à celui d'une fécondation *in vitro* classique. Le jour de la ponction, la donneuse recevra une anesthésie locale ou générale ; ses ovocytes seront fécondés immédiatement avec le sperme du conjoint de la receveuse ; puis l'embryon sera implanté dans l'utérus de la receveuse.

Le don d'ovule peut fonctionner même chez une femme sans ovaires, donc sans hormones « à elle » pour maintenir la grossesse. Par contre, elle devra recevoir des injections hormonales appropriées pendant les trois premiers mois de la grossesse.

• **Efficacité**

Là encore, les chiffres varient beaucoup selon l'âge de la donneuse, et donc la qualité des ovocytes. En moyenne, le taux de grossesse clinique est de 60 à 65 % par transfert d'embryon, et le taux de naissance de 50 %. Mais les taux de succès vont jusqu'à 80 % de grossesse par cycle, selon l'âge de la donneuse.

• **Procédure**

Tout comme le don de sperme, le don d'ovocyte au Canada doit nécessairement être volontaire et non rémunéré. Même les cadeaux sont interdits par la loi de 2004, qui prohibe toute forme de compensation financière aux donneurs. Le don devra donc être soit anonyme et spontané – ce qui est rarissime, puisqu'il implique qu'une femme se rende dans une clinique avec pour seule motivation de donner ses ovules –, soit un don « dirigé », de la part d'une amie, d'un membre de votre famille, ou d'une connaissance, qui accepte de se soumettre à un traitement de FIV pour donner ses ovocytes. Le couple receveur payera alors pour l'ensemble du traitement de la donneuse (de l'ordre de 8 000 dollars canadiens, sans compter les médicaments).

Le « don d'ovule partagé »

Couramment pratiqué dans plusieurs pays et même tout près du Québec, dans plusieurs cliniques new-yorkaises, le don d'ovule partagé est interdit au Canada depuis la récente loi C6 de 2004. Mais il sera peut-être permis bientôt. Il implique qu'une jeune femme infertile de moins de 35 ans, qui doit absolument avoir une FIV (à cause de trompes bloquées, par exemple), accepte de donner la moitié de ses

125

ovules lors d'une FIV en échange d'une compensation financière ou d'un prix spécial pour sa FIV. La moitié des ovules donnés iront à une femme receveuse (qui souffre de ménopause précoce par exemple). Les études ont bien démontré que le don partagé permettait à des jeunes femmes, qui n'ont pas les moyens d'avoir recourt à la FIV, d'être enceintes sans que le fait de partager leurs ovules diminue leurs chances. Ce don permet, en retour, d'aider un couple infertile à concevoir. Selon de nombreux gynécologues canadiens, il est grandement à espérer que cette option devienne possible sous peu, puisqu'elle ne comporte que des avantages et aide directement les couples à concevoir.

Le don d'embryon

Ce don est recommandé aux couples dont l'homme et la femme n'arrivent pas à concevoir, après de nombreuses années d'essai. L'embryon est en général offert par un couple dont le traitement de fertilité a donné lieu à de nombreux embryons en santé, et qui estime que son projet pro-créatif est terminé.

Au Canada, où le don d'embryon ne peut pas être rémunéré, ces dons anonymes se font le plus souvent dans le cadre des cliniques de fertilité, qui mettent en place leurs propres programmes de dons d'ovules, de sperme ou d'embryons.

Il s'agit toujours d'embryons congelés. Cela a deux avantages : d'une part, cela permet de faire coïncider l'âge de l'embryon avec la période correspondante du cycle menstruel de la receveuse ; d'autre part, cela favorise l'anonymat du don, puisque les couples «donneurs» et «receveurs», séparés par le temps, ne se rencontrent pas.

Bien sûr, le couple connaîtra les caractéristiques physiques du couple donneur et pourra choisir d'accepter ou de refuser l'embryon. On procède aussi à une évaluation approfondie de la receveuse sur son état de santé et à une évaluation psychologique du couple.

Au Québec, le don d'embryon se pratique très rarement, sans doute en raison du manque d'embryons disponibles. Aux États-Unis par contre, les agences de dons de gamètes et d'embryons, dont beaucoup ont leur siège en Californie, sont plus développées. Il suffit d'ailleurs de taper «donor eggs» sur Internet pour trouver ces bases de donneurs, avec leur photo, curriculum vitæ et biographie, goûts et passe-temps; soit toutes les informations nécessaires pour réaliser la «rencontre idéale» entre donneurs et receveurs! Pas étonnant que certains profils, particulièrement recherchés, soient plus chers que d'autres. Il en est ainsi des top-models, des acteurs, des sportifs de haut niveau ou de membres de la Mensa (au quotient intellectuel exceptionnel), et, là encore, quelle que soit l'origine ou la religion.

Ces agences mènent même des campagnes très efficaces pour recruter toutes sortes de donneurs et donneuses, parfois dans les collèges, les universités ou par le biais de revues spécialisées. Une des agences les plus en vue est Donor Egg Program, située à Los Angeles. Il s'y dépense jusqu'à 25 000 dollars américains pour un don d'embryon, sans compter le traitement médical des donneurs.

Dans tous les cas, cliniques ou agences de donneurs, des contrats seront signés pour éviter tout problème, réclamation, ou tentative de procès ultérieurs.

LA FIV ET LE RECOURS À UNE MÈRE PORTEUSE (PRÊT D'UTÉRUS)

S'il y a une entente entre un couple et une mère porteuse, celle-ci sera inséminée avec l'embryon du couple infertile et s'engage à remettre l'enfant, dès sa naissance, au couple demandeur. Si elle fait aussi don d'un ovule, il suffira alors qu'elle soit inséminée par le sperme du conjoint.

Indications et traitement

Le recours à une mère porteuse peut se justifier quand l'utérus de la femme est absent ou malformé ; ou encore si elle est porteuse d'une maladie chronique sévère. Dans les pays où c'est autorisé, cela se fera donc dans le cadre d'une FIV. Mais la pratique de la mère porteuse est connue depuis toujours et se fait pour bien d'autres raisons (par exemple, au bénéfice de couples homosexuels), puisqu'elle ne nécessite pas forcément d'intervention médicale. Ceci est évident s'il y a une relation sexuelle entre un homme et la « mère porteuse », mais cela reste possible même avec une insémination artificielle « faite maison » : si l'entente prévoit d'utiliser l'ovule de la mère porteuse, l'introduction de sperme dans le vagin au moment favorable est techniquement à la portée de n'importe quel couple. Dans le cas où les femmes seraient de vraies jumelles, alors, la mère receveuse serait exceptionnellement aussi une mère « génétique ». C'est déjà arrivé en France.

Procédure

Au Québec, recourir à une mère porteuse n'est pas interdit en tant que tel. Par contre, les contrats liant un couple et une mère porteuse sont « de nullité absolue », énonce le Code civil du Québec. Il sera donc impossible de s'en prévaloir devant les tribunaux, notamment s'il y a un conflit entre le couple et la mère porteuse. Le tribunal fera comme si le contrat n'existait pas. Ce qui rend la chose très risquée !

Les cliniques de fertilité ne s'y aventurent donc pas, d'autant que de par la loi, au Québec, la femme qui accouche est la mère légale. Par contre, dans le reste du Canada, il n'existe pas de telle interdiction et tout reste, théoriquement, possible. La nouvelle loi C6, adoptée en mars 2004, interdit seulement la rémunération d'une mère porteuse.

Du côté des États-Unis, le recours à une mère porteuse est « légal » (plutôt, non interdit) dans 50 États. Mais, comme au Québec, dans la plupart de ces États, les contrats réglant ces situations sont nuls et non reconnus, et il est même illégal de rémunérer une mère porteuse en Arizona, au Michigan, au Nouveau-Mexique, en Utah et dans les États de New York et Washington. Si bien que dans l'État de New York, par exemple, il n'est pas interdit de recourir à une mère porteuse, mais il est illégal de la rémunérer ! Il faut donc trouver un proche volontaire pour porter l'enfant gratuitement. En Californie, par contre, la pratique est parfaitement légale. Quelques agences fournissent directement des mères porteuses et plus de 50 cliniques de fertilité acceptent ces contrats. Heureusement, selon l'organisation américaine des parents qui soutiennent cette pratique (Organization of Parents Through Surrogacy, www.opts.com), 99 % des contrats trouveraient une issue heureuse…

Chapitre 4

Un labo de FIV
comme si vous y étiez

L a fécondation *in vitro*, traitement le plus populaire à ce jour, nous en avons déjà établi le principe. Mais entre ces quelques grandes règles et son déroulement en laboratoire, il y a tout un monde! Et pour s'en convaincre, il suffit de franchir les portes d'une clinique de fertilité. Ce que j'ai fait, le temps d'en saisir le fonctionnement. J'ai fait parler les médecins, interrogé les couples, questionné les infirmières. J'ai demandé à voir les microscopes, les salles de recueil, même les petits contenants qui abritent les fécondations.

Vous voulez savoir si vous êtes bien prêts pour ce parcours du combattant? Suivez le guide!

LES FORMALITÉS

Dans la plupart des cliniques, la fécondation *in vitro* vous sera ouverte, que vous soyez en situation de couple hétérosexuel, homosexuel ou encore célibataire. Dans ce cas, elle se fera avec don de sperme. De même, si vous n'avez pas assez de «réserve ovarienne» pour utiliser vos propres ovules, vous pourrez avoir recours au don d'ovule. La limite d'âge de la FIV est alors de 50 ans.

Avant le traitement, une rencontre avec l'équipe médicale est nécessaire. Elle sert à évaluer rigoureusement votre infertilité et la nécessité de procéder à la FIV. L'équipe médicale aura ensuite l'obligation de vous informer de la procédure et des risques de la FIV. Notamment les conséquences des grossesses multiples, les risques d'échec, les risques d'hyperstimulation, etc. De l'information écrite vous sera remise et l'infirmière vous expliquera le calendrier des procédures, des examens médicaux, des prescriptions hormonales, etc.

Le support de la psychologue est également offert et fortement suggéré. Dans la plupart des cliniques, une rencontre avec la psychologue est d'ailleurs incluse dans le prix du cycle de FIV. Dans les cas de don de sperme ou d'ovule, cette rencontre sera même parfois imposée.

Enfin, des consentements seront signés, réunissant tous les engagements de la clinique envers vous. Au Québec, précisons qu'il n'y a pas de limite quant au nombre de FIV (contrairement à la France, où la FIV est couverte par l'assurance maladie). Tout dépendra, pour la plupart des couples, des considérations financières, physiques et psychologiques. Dans les faits, la plupart tenteront la FIV au moins trois fois.

L'ÉQUIPE MÉDICALE

L'aventure de la fécondation *in vitro* est un travail d'équipe. Vous rencontrerez plusieurs médecins tout au long de votre traitement, dont les rôles se répartissent généralement comme suit :

- le médecin gynécologue, spécialiste de l'infertilité, déterminera le traitement qui vous convient. C'est lui qui « pilote » le traitement ;

- l'infirmière coordonnatrice fera le lien entre vous et le reste du personnel. C'est notamment elle qui vous expliquera toutes les étapes du traitement, autant de fois qu'il le faut ;

- un endocrinologue de la reproduction sera responsable du déclenchement de l'ovulation, du prélèvement des ovules, du transfert d'embryon, et de la surveillance du cycle à partir du transfert des embryons dans l'utérus (cette personne est souvent, aussi, le gynécologue spécialiste en fertilité) ;

- le directeur du laboratoire, enfin, biologiste ou médecin de formation, sera en charge de la préparation des ovules et des spermatozoïdes, de leur culture puis de leur rencontre avant le transfert. Il sera également responsable de la cryopréservation des embryons et de leur décongélation.

LES EXAMENS MÉDICAUX PRÉALABLES

Comme on l'a vu au chapitre 2, la première rencontre avec le médecin sera l'occasion de répondre à toutes vos questions, mais surtout de vous prescrire certains tests afin de mieux comprendre votre infertilité. Bien sûr, il tiendra compte des tests qui ont déjà été faits, mais bien souvent, il les complétera par d'autres. Par exemple, il redemandera toujours :

- un test de dépistage de la chlamydia, une bactérie souvent responsable d'infections qui pourra être traitée avant même de commencer le traitement ;

- un « PAP test » (cytologie cervicale), s'il n'a pas été fait dans l'année précédente, afin de vérifier la présence de cellules cancéreuses ;

- un test évaluant votre réserve ovarienne, par échographie et par un dosage FSH-œstradiol, au jour 3 du cycle, peu importe votre âge ;

- des tests infectieux (hépatites, VIH, etc.), obligatoirement prescrits avant toute insémination ou fécondation *in vitro*, notamment pour éviter une contamination au niveau du laboratoire.

Parmi ceux-ci, les examens les plus importants pour le médecin sont le « test de FSH » et l'échographie de base pour évaluer votre réserve ovarienne. C'est eux qui lui permettront de prescrire le protocole idéal pour vous, et qui lui prédiront l'issue des dosages hormonaux, à savoir si vous fabriquerez beaucoup de follicules ou non. Idéalement, la FSH devra être inférieure à 10. Si le taux est supérieur, cela veut dire que votre réserve ovarienne est diminuée. Ensuite, par échographie, il va compter les follicules, les mesurer, vérifier les kystes. Si les ovaires sont polykystiques, il prescrira un traitement. Mais si tout est normal, le médecin vous donnera les résultats en personne, puis prescrira le protocole.

À votre conjoint, on demandera de passer un spermogramme, six semaines avant la FIV, et éventuellement une spermoculture, si le spermogramme a révélé un nombre élevé de globules blancs dans le sperme (cela signifie qu'il y a peut-être une infection). Si la spermoculture est positive, on lui prescrira un antibiotique ainsi qu'un nouveau contrôle ultérieur; car la présence de germes infectieux pourrait causer l'échec de la FIV le jour J. Puis, il passera également un contrôle sanguin (hépatite, VIH).

LA STIMULATION DE L'OVULATION

Exceptionnellement, la FIV peut être pratiquée «en cycle naturel» non stimulé (lire l'encadré à la page 139). Mais généralement, que vous ovuliez régulièrement ou non, une stimulation de l'ovulation est indispensable. Cela permet d'obtenir plusieurs follicules et ovules, et ainsi d'accroître les chances d'obtenir plusieurs embryons capables d'être transférés.

Le choix du protocole de stimulation : long ou court ?

La stimulation se fait par injections d'hormones, selon une sorte de calendrier déterminé à l'avance que les médecins appellent «protocole». Il y en a en fait deux types : le protocole long ou le protocole court. Le médecin décidera en fonction de votre «profil hormonal» et de votre histoire médicale.

Le protocole long est choisi pour presque toutes les femmes, même quand leurs cycles sont irréguliers. Il dure un mois (entre 30 et 35 jours) et utilise, le plus souvent, une hormone de la marque Lupron ou Suprefact. Au niveau de sa «composition», il utilise la FSH, l'agoniste du GnRH et l'hCG.

Le protocole court s'adresse plutôt aux femmes qui ont peu de réserve ovarienne ou celles qui ont mal réagi au protocole long. Il dure une douzaine de jours, et utilise la FSH, l'antagoniste du GnRH et l'hCG.

L'exemple du protocole long

Voici à quoi ressemble un protocole long. Tout d'abord, la pilule contraceptive sera prescrite au début des règles

135

pour deux semaines. Elle a la propriété d'éviter, à titre préventif, que des kystes se forment sur la paroi des ovaires. Ils surviennent parfois à cause de l'effet stimulant des hormones prescrites par la suite, ce qui empêcherait le recueil des ovules le jour J et ferait échouer toute la FIV.

- **Première étape : la mise des ovaires au repos**

La première phase du traitement consiste à prendre, pendant deux semaines, des hormones quotidiennement afin de «désactiver» le cycle naturel et son ovulation. L'unique but de cette étape est d'empêcher pendant quelque temps le contrôle du cerveau sur les ovaires et de maîtriser le jour de l'ovulation, pour éviter que le cerveau ne la déclenche lui-même. Pour cela, les hormones vont faire «tomber» l'œstradiol, pour mettre le corps dans une ménopause temporaire. On dit parfois qu'on met les ovaires «au repos». Le médecin utilisera les médicaments «agonistes» du GnRH, injectés en sous-cutané (juste sous la peau). Il sera possible de vous faire les injections vous-mêmes.

Durant ce premier mois de traitement, il n'est pas nécessaire de se rendre à l'hôpital ou la clinique. Le taux d'hormones sera vérifié avec une prise de sang, et si tout va bien, la stimulation ovarienne pourra alors commencer.

- **Deuxième étape : le réveil des ovaires et la stimulation de l'ovulation**

Cette étape va durer encore deux semaines. Il s'agira maintenant de contrôler le cycle, le développement des follicules et l'ovulation. La prise des premiers médicaments est poursuivie jusqu'au déclenchement de l'ovulation (car ils permettent d'éviter l'ovulation prématurée), mais s'y ajoutent des injections quotidiennes d'un ou plusieurs médicaments combinés pour «réveiller» les ovaires. Le but?

Provoquer une « superovulation », c'est-à-dire la croissance de plusieurs follicules (futurs ovules) au lieu d'un seul.

Les médicaments les plus souvent prescrits sont Gonal-F, Repronex, Bravelle ou Follistim. Ils sont composés de l'hormone FSH, semblable à celle produite par l'hypophyse du cerveau. Ils se présentent en poudre blanche, conditionnée dans des ampoules de verre, à mixer dans de l'eau saline puis à injecter. Vous pouvez là encore vous les injecter vous-même.

• **La surveillance de la réponse des ovaires**

Pendant cette dernière étape, le médecin va surveiller étroitement la réponse des ovaires au traitement. On appelle cela le « monitorage de l'ovulation ». C'est une phase très importante, qui conditionne pour une large part la qualité des ovocytes obtenus ! Pour cela, le médecin va se baser presque exclusivement sur les échographies (effectuées à deux ou trois reprises pendant le cycle). Elles lui permettront de visualiser les follicules à l'intérieur de chaque ovaire et de déterminer leur taille ; mais aussi de mesurer la muqueuse utérine, qui doit être assez épaisse pour que l'embryon s'implante. L'échographie est indolore. Parfois abdominale (elle nécessite alors d'avoir la vessie pleine) mais le plus souvent vaginale, elle est réalisée à l'aide d'une sonde endovaginale. Les follicules apparaissent à l'écran comme de grosses taches noires et rondes, qui feront chacune près de 2 cm le jour de la ponction. Souvent, au moins quatre follicules sont en formation, et les ovules récupérés sont théoriquement aussi nombreux que le nombre de follicules. Statistiquement, près de 90 % des follicules visibles de bonne taille produisent un ovule.

Cependant, le médecin va aussi se baser sur des dosages hormonaux, notamment sur celui de l'œstradiol, lors de la première échographie. Car les follicules en grossissant produisent de l'œstradiol, et plus le taux est élevé, plus les follicules sont susceptibles d'être nombreux.

• Le déclenchement de l'ovulation

Une fois sur dix, le traitement devra être interrompu avant le déclenchement de l'ovulation. Soit parce qu'il existe un risque d'hyperstimulation des ovaires, soit parce que leur réponse est trop faible pour espérer obtenir des ovules fécondables. Bien sûr, cette décision du médecin est toujours vécue douloureusement, et un changement de protocole est souvent envisagé.

Mais neuf fois sur dix, tout se passe bien, et plusieurs échographies permettent de suivre attentivement le développement des follicules. Puis, dès que les trois plus gros follicules atteignent 18 mm ou plus de diamètre, le déclenchement de l'ovulation est décidé.

Ainsi, le soir même, une ampoule d'hCG – hormone qui a la propriété de mimer le signal normalement donné à l'ovaire par le cerveau (par une décharge de LH), en réponse à l'information hormonale que l'ovaire lui envoie (l'œstradiol) – est donnée par voie intramusculaire et entraîne l'ovulation 38 à 40 heures plus tard.

Mais attention, le but recherché est de recueillir les follicules juste avant l'ovulation ! C'est-à-dire quelques instants avant qu'ils n'expulsent leur ovule. La ponction aura donc lieu entre 35 heures et 36 heures après l'injection de l'hCG. Par exemple : si l'injection a lieu à 22 heures, la ponction se fera le surlendemain à 9 heures.

En attendant cette ponction, le médecin donne généralement un médicament oral pour préparer la muqueuse utérine à l'implantation (par exemple Gonal-F), mais également un antibiotique pour prévenir les rares risques d'infection lors du prélèvement des ovules.

Si c'est une FIV en cycle naturel...

La FIV en cycle naturel, proposée par la majorité des cliniques, relève simplement d'une différente approche. Au lieu de faire une stimulation ovarienne, on laisse le corps choisir le follicule dominant, comme il l'aurait fait dans un cycle normal. Puis on surveille ce follicule dominant par échographie. Ensuite, on commence une très légère stimulation sur quatre ou cinq jours, juste pour donner un «coup de pouce». On prélève ensuite ce follicule dominant.

Pour être candidate à cette FIV, il est préférable d'être une patiente jeune (moins de 37 ans), et de ne pas avoir de problème d'ovulation. Car, par rapport aux autres FIV, il y a plus de risques de ne pas trouver d'ovules, que l'ovulation soit prématurée, ou que les ovules récupérés ne soient pas fécondables. Du coup, les taux de grossesse sont plus bas : une femme sur deux n'arrivera pas au transfert d'embryon et jamais plus d'un embryon ne sera transféré.

Mais cela n'entache pas les grands avantages de cette méthode qui est de plus en plus choisie. D'une part, parce que la proportion d'embryons qui s'implantent dans l'utérus atteint 35 %, dépassant le taux de 25 % obtenu avec la FIV classique. «On pense que les embryons produits de façon naturelle sont de meilleure qualité et ont plus de chances de se développer», explique le Dr Lapensée, de la Clinique Ovo. D'autre part, parce qu'elle entraîne beaucoup moins de grossesses multiples, qu'elle nécessite très peu de médicaments, et que les effets secondaires sont quasi inexistants. «Par contre, seulement 50 % des femmes se rendront au transfert. Car chez une femme sur deux, soit nous n'obtiendrons pas l'ovule, soit il ne fécondera pas ou il ne se divisera pas. Par cycle débuté, les taux de grossesse sont donc de 15 %.»

LE RECUEIL DES GAMÈTES

Chez l'homme

Le recueil du sperme en vue de la FIV se fait exactement dans les mêmes conditions que lors du spermogramme. Il se fait par masturbation, le même jour que la ponction (pour que les spermatozoïdes soient les plus «frais» possibles), et après deux à trois jours d'abstinence. La plupart du temps, une petite pièce intime sera réservée au conjoint et des revues ou des films érotiques seront toujours disponibles pour l'aider (précisons qu'il pourra, aussi, toujours être accompagné de sa conjointe, ou qu'il a aussi tout intérêt à apporter son propre «matériel», s'il en a!). Si jamais l'homme souffre régulièrement de dysfonction érectile, il est important d'en parler au médecin : des solutions peuvent être trouvées, comme le Viagra, dont disposent toujours les cliniques.

Exceptionnellement, les médecins utiliseront le sperme congelé : par exemple, si le conjoint ne peut être présent le jour de la FIV, s'il a d'importantes réticences à se masturber, ou si son sperme a été conservé pour raisons médicales.

Chez la femme

À l'origine, le prélèvement des ovules se faisait par laparoscopie, sous anesthésie générale, en insérant un télescope par le nombril. Puis cette méthode a été remplacée par le prélèvement guidé par échographie, d'abord par l'abdomen, puis par le vagin. Aujourd'hui, la ponction se fait donc par voie vaginale, juste avant l'ovulation, sous anesthésie locale du vagin. Aucune cicatrice ne sera visible. Certaines cliniques la pratiquent dans une salle d'opération et ont recours à une anesthésie générale. Mais, le plus souvent, le médecin recommande juste la prise d'un calmant (par exemple, de l'Ativan) la veille de la ponction, pour passer une bonne nuit et se reposer et une autre le matin avant la ponction. Le lendemain, en plus de l'anesthésie locale du vagin, une sédation (une technique d'anesthésie légère) sera aussi administrée en intraveineuse. Il est recommandé d'être à jeun, et d'arrêter de boire deux heures avant l'opération.

TABLEAU 16

Le recueil des ovules

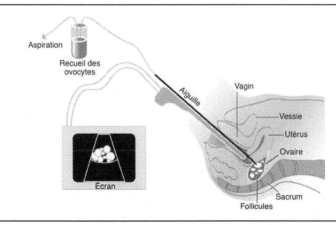

Crédit : Illustrations GCT II Solutions and Enterprises Ltd.

141

En quoi consiste exactement l'opération ? Après désinfection du vagin, une sonde vaginale est introduite puis, une fois les follicules repérés à l'échographie, le contenu de chaque follicule (environ 5 cm de liquide) est aspiré grâce à une aiguille guidée par la sonde. Le prélèvement est effectué sur chacun des ovaires et dure entre 5 et 15 minutes, selon le nombre de follicules à aspirer. Puis, la patiente se repose quelques heures. La ponction peut être ainsi réduite à une demi-journée d'hospitalisation. Par contre, il est toujours conseillé d'être accompagnée à la sortie et de ne pas conduire un véhicule.

AU LABORATOIRE : LA PRÉPARATION DES GAMÈTES

La salle de ponction et le laboratoire sont souvent accolés et séparés par une espèce de « passe-plat ». Immédiatement après la ponction, les médecins transmettent ainsi directement les prélèvements au biologiste. Celui-ci examine le liquide à l'aide d'une loupe binoculaire (grossissant 40 fois !), et une fois les ovules repérés, ils sont immédiatement transférés dans un tube contenant un milieu de culture adapté. En moyenne, entre 5 et 12 ovules seront récupérés, parfois moins (4 ou 5), parfois plus (de 15 à 30). Mais, statistiquement, environ 80 % des ovules seront récupérés lors de la ponction. Donc, s'il y a 10 follicules de 14 mm et plus, la femme peut s'attendre à ce que 8 ovules soient récupérés.

Les ovules sont à des stades évolutifs différents car ils ne sont pas « nés » en même temps ; mais tous les ovules vont ensemble poursuivre leur maturation au laboratoire pendant environ deux heures. Tous ne seront pas aptes à être fécondés : certains seront immatures, vides ou un peu abîmés.

Le nombre ne reflète pas leur qualité ! Les résultats s'apparentent donc à une véritable loterie. Environ 70 % des ovules recueillis sont en général matures.

Ensuite, à l'aide d'une pipette de verre, le biologiste aspire les « bons » ovules et les nombreuses cellules qui les entourent, pour les redéposer immédiatement, chacun dans un tube contenant un milieu de culture à 37° C. Chaque tube reçoit une étiquette qui porte le nom de la patiente et le numéro de l'ovule, avant d'être introduit dans un compartiment obscur, alimenté en gaz et oxygène. Il restera dans cet incubateur jusqu'à l'insémination.

Quant au sperme, il arrive au même moment au laboratoire, juste après avoir été recueilli. On le laisse d'abord se liquéfier ; on le prépare pour sélectionner les spermatozoïdes les plus mobiles (par centrifugation, une méthode utilisée pour séparer des structures cellulaires) ; on le lave pour éliminer le liquide spermatique ; puis on laisse les spermatozoïdes dans un milieu de culture adapté.

Après cela, on sélectionne encore les meilleurs dans un tube grâce à la technique de centrifugation avec un « gradient de densité » (une méthode qui permet d'accentuer les effets de la séparation par centrifugation). Le sperme est déposé dans un tube contenant un liquide constitué de couches de « densités » différentes (deux ou trois habituellement). Le tube est centrifugé, puis les spermatozoïdes morphologiquement normaux, plus denses, vont migrer dans la couche la plus profonde. Les autres spermatozoïdes mais aussi les cellules, les débris et les germes éventuels vont être stoppés dans les couches supérieures. On récupère alors la couche du fond, qui sera lavée avec un milieu de culture approprié.

LA FÉCONDATION

C'est maintenant l'heure de réunir chaque ovule avec 100 000 spermatozoïdes mobiles dans un petit tube en plastique, là encore rempli d'un millilitre de milieu de culture (sels et nutriments). Certaines techniques en microgouttes ne nécessitent plus que 5 000 à 10 000 spermatozoïdes. Mais, dans tous les cas, les conditions d'environnement doivent être aussi proches que possible de celles qui existent dans l'appareil génital : 37° C, obscurité, asepsie, et un pH légèrement alcalin (7,3 à 7,5). Ces tubes reçoivent en permanence un mélange gazeux : l'oxygène utile au métabolisme des cellules cultivées et du gaz carbonique, indispensable pour maintenir le pH du milieu.

Le lendemain, les embryons sont examinés à la loupe. Si l'embryon contient deux noyaux à l'intérieur (des pronuclei), c'est signe de fécondation. L'un représente la contribution génétique de la mère, l'autre, celle du père. S'il y a plus de deux noyaux, c'est que plusieurs spermatozoïdes ont pénétré dans l'ovule et l'œuf ne sera pas viable (on dit qu'il est polyspermique).

L'œuf fécondé est alors placé dans un milieu de culture neuf (dépourvu du reste des spermatozoïdes) et reste encore une deuxième et dernière journée en dehors du corps, en attendant que les deux noyaux fusionnent pour donner une cellule avec un seul noyau de 46 chromosomes. Celui-ci se divise ensuite progressivement en plusieurs cellules (ou blastomères).

Combien d'embryons vont se développer ? En moyenne, seulement la moitié des ovules inséminés deviendront des embryons. Et seuls les embryons divisés de façon régulière, qui comptent entre deux et huit blastomères, de même taille avec un cytoplasme clair, seront transférés. Mais il faut

TABLEAU 17

La micro-injection du spermatozoïde (ICSI)

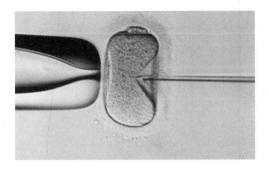

À l'aide de la pipette de verre (à droite),
le spermatozoïde est introduit dans l'ovule.

Crédit : Jim Meriano, LifeQuest.

savoir qu'à chaque étape, le risque d'échec diminue. C'est-à-dire que le pourcentage d'échec est plus élevé au stade de deux à quatre cellules qu'au stade de quatre à huit cellules, et ainsi de suite.

En cas d'injection intracytoplasmique d'un spermatozoïde (ICSI), le traitement varie un petit peu. Là encore, les plus beaux ovules sont choisis, mais un traitement par hyaluronidase, pendant trois minutes, va permettre de les débarrasser de toutes les cellules de granulosa qui entourent l'ovule. Ainsi, les ovules sont fins prêts à être « micro-injectés ». Et seuls les ovules matures – ceux qui ont émis leur premier globule polaire – seront injectés.

De leur côté, les meilleurs spermatozoïdes sont aussi sélectionnés. Le biologiste diminue momentanément leur mobilité, juste avant la micro-injection. En effet, si le

145

spermatozoïde est trop mobile, cela risque de perturber la structure de l'ovule.

Puis, vient le moment tant attendu. À l'aide de micro-manipulateurs et d'un microscope inversé, le biologiste procède à l'injection d'un spermatozoïde dans l'ovule. D'une main, l'ovule est maintenu par une micropipette de contention ; tandis que de l'autre, une micropipette d'injection

TABLEAU 18
L'embryon à trois stades évolutifs différents

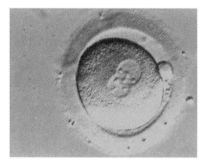 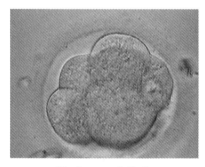

Embryon à J+1   Embryon à J+3

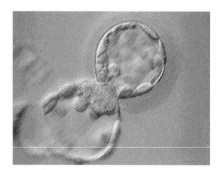

Éclosion du Blastocyste

Crédit : Jim Meriano, LifeQuest.

146

de verre très fine (5 mm de diamètre) permet d'aspirer un spermatozoïde soigneusement choisi, puis de le placer directement au contact de la membrane cytoplasmique de l'ovule. Ils fusionnent immédiatement. Puis le biologiste répète l'opération avec tous les autres « couples » d'ovules et de spermatozoïdes disponibles. Enfin, les ovules micro-injectés sont remis immédiatement en milieu de culture, à 37° C, sous 5 % de CO_2.

En principe de 18 à 22 heures après la micro-injection, il est déjà possible d'observer la fécondation, avec l'apparition de deux pronucléi (voir tableau 18).

LE TRANSFERT

C'est le grand jour. Le moment où la femme sera officiellement « enceinte » d'un embryon. Le couple est donc convoqué et le transfert a lieu dans une pièce adjacente au labo, entre deux à six jours après la ponction.

Sur quels critères l'équipe va-t-elle choisir ? Si seulement deux beaux embryons ont été obtenus, il n'y a aucun intérêt à les laisser vivre plus longtemps dans une pipette de verre plutôt que dans leur milieu naturel, l'utérus. Par contre, si le couple a obtenu 7, 8 ou même 10 embryons, certains médecins choisiront la technique de la « culture prolongée », qui consiste à laisser évoluer l'embryon pour ne transférer que les « plus beaux des plus beaux », et ainsi maximiser encore les chances d'implantation.

En effet, alors qu'à trois jours un embryon compte de quatre à huit cellules, un embryon de cinq jours en compte déjà plusieurs centaines. Au 5e ou 6e jour, au stade du blastocyste, le transfert et l'implantation offriraient ainsi de meilleures chances. Cette tendance suscite de plus en plus

TABLEAU 19

Transfert de l'embryon

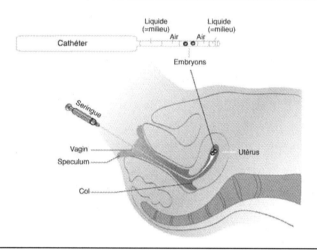

Crédit : Illustrations GCT II Solutions and Entreprises Ltd.

d'intérêt auprès des médecins. Elle s'appuie sur l'idée qu'il faut davantage faire confiance à la sélection naturelle. Mais le seul risque, et non des moindres, est qu'en attendant trop longtemps, il n'y ait plus d'embryon viable au 5e ou 6e jour. Alors certains médecins, notamment au plan de la recherche, préconisent un « double transfert » : le transfert d'un ou deux embryons le jour 3, et un autre le jour 5 ou 6. En particulier, dans le cas où les embryons du couple seraient plus sensibles en laboratoire que dans le corps[8].

Comment se déroule le transfert ? Tout d'abord, il faut savoir qu'aucune anesthésie n'est nécessaire. Mais la décontraction est souhaitable, car le stress peut provoquer des

---

8. Simon J. Phillips, « Consecutive transfer of day 3 embryos and of day 5–6 blastocysts increases overall pregnancy rates associated with blastocyst culture », *Journal of Assisted Reproduction and Genetics,* vol. 20, n° 11, novembre 2003.

148

contractions utérines qui rejetteraient l'embryon. La femme est placée en position gynécologique, le buste allongé, les jambes légèrement relevées et entrouvertes.

Les embryons sont contrôlés une dernière fois au microscope, puis placés dans un cathéter (fin tube en plastique flexible relié à une seringue). Le transfert a lieu : les embryons sont déposés à 1 ou 2 cm du fond utérin. L'opération est totalement indolore, ce qui en surprend plus d'une ! Puis, une fois les embryons transférés, le biologiste vérifiera au microscope que le cathéter est vide et qu'aucun embryon n'est resté collé à la paroi.

On estime qu'un seul embryon est capable d'évoluer jusqu'à la naissance ; mais n'étant pas capable de savoir lequel, on place entre deux et trois embryons simultanément dans l'utérus, avec le risque d'induire une grossesse multiple. De plus en plus souvent, seuls deux embryons sont transférés. Parfois un seul. Mais lorsque la femme a plus de 40 ans, certains médecins prennent, en accord avec le couple, la décision d'en transférer trois.

Juste après le transfert, un repos de 30 minutes est nécessaire. S'il y a un rejet, ce sera en général dans les premières minutes. Puis le couple peut rentrer. Dans les 24 à 48 heures qui suivent, le repos n'est plus nécessaire, mais il faut éviter la fatigue excessive.

À la sortie de la clinique, un traitement sera prescrit pour aider la nidation. En effet, la nidation ne réussira que si la muqueuse utérine est d'une « consistance » parfaite pour accueillir l'embryon qui, pendant un à deux jours après le transfert, flottera d'abord comme un petit astronaute. Bien souvent, la conjointe est découragée devant ce traitement encore à venir, ce qui est bien normal !

Ce traitement comprend (exemple de la Clinique Ovo, à Montréal) :

- de la progestérone, par injections ou suppositoires vaginaux (par exemple du Prometrium, qui sont de petites perles à mettre dans le vagin deux fois par jour ; à commencer deux jours après la ponction et jusqu'à la 12e semaine de grossesse, si vous êtes enceinte) ;

- des injections d'hormone hCG (deux jours après la ponction et encore les deux jours suivants) ;

- de l'œstrogène en timbre (par exemple du Climara, mis trois jours après la ponction et valable pour une semaine) ;

- des aspirines pour bébé, pour aider à la vascularisation du sang de l'endomètre (à commencer la journée de la ponction, et, s'il y a grossesse, jusqu'à la 12e semaine de grossesse) ;

- enfin, des antibiotiques, qui commencent le jour même de la ponction, pour éviter les infections.

Tous ces médicaments n'empêchent pas la période de « l'après-transfert » d'être une phase décisive et bouleversante émotionnellement ! Chaque femme est à l'écoute de son corps comme jamais auparavant, cherchant le moindre signe ou changement de sensations. Un jour se pensant enceinte, le lendemain non ! En réalité, à ce stade, aucune femme ne peut prédire ce qu'il en est, même la plus « hypersensible » qui soit.

LA CONGÉLATION DES EMBRYONS SURNUMÉRAIRES

Les embryons « restant » après le transfert, dits embryons surnuméraires, peuvent être congelés puis utilisés quelques mois, voire quelques années plus tard par le couple. Parfois, cette idée de congélation laisse perplexe : «Mes embryons arriveront-ils vraiment à revivre?», se demandent bien des couples. Il se trouve que oui. La congélation arrête l'activité cellulaire et moléculaire des cellules, mais conserve intacts les «organites» nécessaires pour reprendre ces activités.

Par contre, il faut savoir que la qualité de la congélation influe sur la qualité de la décongélation. Les médecins feront notamment très attention d'éviter la présence d'eau intra-cellulaire, pouvant former des cristaux de glace lors de la congé-lation et donc endommager les structures des cellules. Pour cela, la cellule doit rapidement être déshydratée. Les médecins utiliseront ensuite des substances dites «cryoprotectrices», non toxiques pour l'embryon. Puis, l'embryon sera mis dans une paillette, soigneusement étiquetée et entreposée à -196° C. Mais, malgré toutes ces précautions, tous ne résisteront pas à la décongélation (seuls 40 % d'entre eux résistent).

Régulièrement, le centre prend contact avec le couple pour envisager leur décision. S'il ne souhaite plus un projet parental avec ces embryons, il a le choix de les détruire ou d'en faire don à un couple infertile.

S'ils décident de l'utiliser, la procédure est tout aussi simple. Le jour où il est transféré, l'embryon congelé est réhydraté dans des solutions, puis placé dans un cathéter de transfert. Ensuite, on utilise la même technique qu'avec les embryons frais. Ainsi, leur transfert est souvent proposé au cours d'un des cycles qui suivent directement la fécondation qui a échoué ; un ou deux mois après, par exemple. Cela peut même se faire au cours d'un cycle naturel, si la patiente ovule régulièrement.

LE TEST DE GROSSESSE

C'est grâce à l'hormone hCG dans le sang, produite par le placenta du fœtus en formation, que l'on peut détecter la grossesse débutante.

Dans des circonstances normales, on peut détecter l'hCG dès le huitième jour après l'ovulation ; mais on ne peut en être certain qu'entre le 12ᵉ et le 14ᵉ jour. Le médecin contrôle donc la grossesse débutante grâce à des prélèvements sanguins, à partir de dix jours après la réimplantation. Parfois, au 15ᵉ jour. Idéalement, le résultat est annoncé en personne, en ouvrant si possible l'enveloppe du laboratoire en face des patients, afin que l'équipe ne l'apprenne pas avant eux.

Si la valeur est positive (supérieure à 5), c'est très bon signe ! Cependant, tant que le chiffre reste entre 5 et 20, il ne faut pas crier victoire. La prise de sang sera donc renouvelée tous les deux jours pour s'assurer que le taux de hCG double à chaque dosage.

Puis une échographie vaginale est effectuée à la 6ᵉ semaine de grossesse, soit deux semaines après le test de grossesse positif. À ce moment, la plupart du temps, les battements cardiaques du fœtus seront audibles. Ce qui permet aussi de déterminer le nombre d'embryons. C'est là encore un excellent signe – et il est normal de le fêter ! –, mais il faut encore y aller étape par étape. Car on entre alors dans la catégorie « normale » des risques de fausse couche.

Si, par contre, le résultat est négatif, c'est qu'aucun embryon ne s'est implanté et les règles surviendront dans les jours qui suivent. Parfois, les règles surviennent juste avant le test. Et, même si la nouvelle est douloureuse, il faut encore la confirmer par un test.

Chapitre 5

Réussites, échecs
et conséquences de la FIV

M ême si la FIV est le traitement de prédilection de la grande majorité des infertilités, elle n'en reste pas moins une « tentative ». Cela est parfois dur à réaliser, lorsqu'on s'engage dans un processus aussi lourd à supporter physiquement, moralement et économiquement; mais les infirmières et les médecins sont là pour le rappeler. La FIV n'est qu'une tentative pour multiplier les chances de concevoir, et même si les taux sont toujours meilleurs, d'année en année, elle a ses limites. C'est ce qui apparaît à l'étude des taux de réussite, que ce soit selon les âges, les causes d'infertilité ou les techniques. On apprend d'ailleurs que les cliniques ont toutes sortes de méthodes pour « gonfler » leurs statistiques, alors attention !

Puis nous passerons en revue les raisons des échecs de la FIV. Après tout, comme le disent les médecins, la FIV est un traitement qui doit se vivre « étape après étape ». Chaque phase a ses chances de succès et ses risques d'échec; et même si la ponction, par exemple, s'est parfaitement déroulée, on ne peut jamais prédire l'issue du transfert d'embryon, et encore moins de l'implantation. Mais d'année en année, les techniques se perfectionnent pour augmenter les chances de succès de chaque étape. Je les présenterai aussi dans ce chapitre. La technique de la culture prolongée, permettant de transférer l'embryon au stade du blastocyste, ou encore la technique du *hatching*, permettant une implantation plus facile, en font partie.

Enfin, avez-vous réfléchi à l'impact de la FIV sur votre santé ? Sans aucun doute. Peut-être même vous inquiétez-vous de ses effets sur votre enfant. Qu'en est-il de la recherche à ce sujet ? A-t-elle évolué ? Doit-on vraiment s'inquiéter ? Vous le saurez aussi.

LES TAUX DE RÉUSSITE

A l'échelle internationale, les principaux registres sont ceux tenus par l'Australie, la Grande-Bretagne, les États-Unis et la France. Mais au final, toutes ces sources sont concordantes : le pourcentage de grossesses cliniques (taux hCG supérieur à 1000 mUI/ml ou grossesse visible à l'échographie) par cycle ponctionné est toujours voisin de 23 à 25 % par transfert. Le taux d'accouchement par ponction, de 18 à 20 %.

Le taux d'avortement clinique se situe toujours entre 20 et 25 % et augmente avec l'âge des patientes. Le taux de grossesses extra-utérines reste autour de 4 à 5 % ; ce taux est donc supérieur à celui observé dans la population générale. Le taux de césarienne est également plus élevé. Selon le Pr René Frydman, auteur du livre *Les Procréations médicalement assistées* (coll. « Que sais-je ? », éd. Presses universitaires de France, Paris, 1997), il toucherait en France un accouchement sur deux. Ce qu'il déplore, bien sûr. « L'accouchement d'une grossesse unique issue de FIV ne doit pas faire l'objet d'une césarienne systématique, même si on tient compte du caractère hyperprécieux de la grossesse. Or, ces taux de césarienne sont élevés. Certes, il faut tenir compte de l'âge maternel, de la fréquence des syndromes vasculo-rénaux et de la position du fœtus souvent en siège, mais l'appréhension de l'obstétricien et du couple y est souvent pour quelque chose. »

Voyons maintenant les taux de succès de la FIV, classés par diagnostic. Plus précisément, il s'agit de taux de naissances vivantes par cycle, réalisés à partir de FIV et d'embryons frais non donnés. Ces chiffres proviennent du rapport américain sur la reproduction assistée (ART Report, publié par le Center of Disease Control) et compilent les résultats de 399 cliniques de fertilité américaines :

- troubles de l'ovulation : 33,9 %
- facteur masculin : 33,8 %
- endométriose : 32,1 %
- causes inexpliquées : 30,4 %
- facteur tubaire : 30 %
- facteur utérin : 27,3 %
- multiples facteurs féminins et masculins : 26,9 %
- multiples facteurs féminins : 22,7 %
- diminution de la réserve ovarienne : 14,3 %
- autres causes : 25,7 %

Les statistiques vous paraissent faibles ? Dites-vous d'abord, qu'elles évoluent à la hausse d'année en année, ensuite, il faut savoir que ces statistiques sont anonymes, et qu'il n'y a aucun moyen de retracer les résultats des couples qui tentent le processus plus d'une fois. Si bien que certains experts estiment qu'après deux ou trois cycles, les taux atteignent 75 %. Enfin, même s'il est vrai qu'il existe des cliniques plus performantes que d'autres (lire chapitre 7), il faut rester prudent et « lire entre les lignes » les résultats.

Les statistiques, en effet, peuvent se lire de très nombreuses façons. On peut les regarder par âge, par technique médicale, par causes d'infertilité, par types de naissance (simple, gémellaire, prématurée), et même par période historique. Et il faut aussi savoir que les résultats varient beaucoup d'une équipe médicale à l'autre, si l'on compare de trop courtes périodes entre elles.

Ensuite, les taux de succès varient beaucoup en fonction de l'âge des patients (notamment celui de la femme) et la durée de l'infertilité. Il faut donc savoir quelle population est analysée. La clinique que vous visez accepte-t-elle les patientes de tous les âges, et notamment les cas les plus difficiles ? Ou se contente-t-elle d'accepter les couples jeunes, au diagnostic plus facile ? Cela fera en effet varier considérablement ses taux de succès. Et la seconde ne sera pas forcément meilleure que la première. Ainsi, alors qu'à 25 ans le taux de naissances d'enfants uniques par cycle de FIV avoisine les 27 %, il chute à 10 % après 40 ans.

Il faut donc faire attention à la façon dont la clinique calcule ses taux. Et notamment savoir :

- si les résultats sont exprimés en grossesses ou en naissances. Trop souvent, les statistiques sont exprimées en taux de grossesses cliniques, alors que seuls 70 % des grossesses cliniques se terminent par un accouchement (il faut soustraire les avortements tardifs et les complications éventuelles) ;

- si l'on analyse les grossesses cliniques (inférieures à trois mois) ou les grossesses évolutives ;

- si l'on parle d'accouchement ou de nouveau-nés, car les nombreuses grossesses multiples font qu'il y a plus d'enfants que de naissances.

Enfin, il faut idéalement rapporter ces résultats (nombre d'accouchements, grossesses ou nouveau-nés) au nombre de tentatives de FIV total, et non pas seulement aux FIV ayant atteint le stade de la ponction ou du transfert. Car près de 10 à 15 % des cycles entamés n'iront pas jusqu'à la ponction, par exemple si les ovaires de la patiente ne réagissent pas suffisamment au traitement de stimulation.

Voici un petit graphique prouvant l'effet de ces méthodes de calcul. Il présente les taux de succès des techniques de reproduction assistée, aux États-Unis en 2003, selon qu'on les calcule par cycle, par ponction, par transfert, et même en envisageant seulement les naissances d'enfant unique ou les naissances de façon globale.

TABLEAU 20

Taux de réussite de la FIV selon le type de calcul statistique utilisé

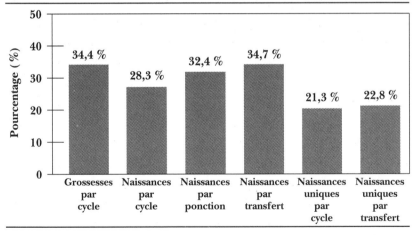

LA RAISON DES ÉCHECS

Pour comprendre la raison des échecs, on peut partir des statistiques relevées par l'Institut Fivnat. Cet organisme français regroupe les résultats de près de 90 % des centres de fertilité en France. Le tableau ci-dessous offre les statistiques moyennes du parcours de fécondation *in vitro* (rassurez-vous, elles se sont un peu améliorées depuis). Ainsi, dans le groupe témoin, 112 femmes commencent le protocole de FIV et 100 arrivent à la ponction. Puis, à chaque étape, on peut voir le nombre de femmes qui restent dans le parcours et celles qui, statistiquement, ne franchissent pas cette étape. De fait, à la ligne suivante, on part à chaque fois du nombre restant.

TABLEAU 21

Statistiques moyennes du parcours de la FIV

PHASE	FIV		ICSI		RAISONS
	Nombre au début	Nombre d'échecs	Nombre au début	Nombre d'échecs	
Stimulation	112	12	112	6	Déprogrammation
Ponction	100	1	106	1	Échec de la ponction
Mise en fécondation	99	15	105	9	Échec de la fécondation
Fécondation réussie	84	2	96	2	Pas d'embryon viable
Transfert d'embryons	82	53	94	62	Échec d'implantation
Implantation	29	3	32	3	Arrêt de grossesse biochimique
Grossesse clinique	26	7	29	7	Fausse couche
Accouchement	19		22		

Quels sont les enseignements à tirer de ce tableau ? Au total, on voit que pour 112 femmes ayant commencé une FIV, 19 accoucheront, soit 17 %. Parmi les 93 patientes qui subiront un échec, celui-ci sera dû à la non-implantation des embryons dans plus de la moitié des cas. Quant à l'ICSI, on remarque que, pour 112 femmes ayant commencé, 22 accoucheront, soit 19,6 %. Et parmi les 89 patientes en échec, dans près de 2/3 des cas, celui-ci est également dû à la non-implantation des embryons.

Mais revenons maintenant plus en détail sur la significa-tion de chaque échec.

La déprogrammation

Entre 10 et 12 % des patientes qui commencent une stimulation en vue de FIV ne vont pas jusqu'à la ponction. On appelle cela une déprogrammation. Elle se produit pour trois raisons essentielles :

- dans la grande majorité des cas (plus de 80 %), la réponse des ovaires au traitement est trop faible, c'est-à-dire que le nombre de follicules en croissance est jugé insuffisant pour offrir une chance correcte. Générale-ment, on estime qu'il faut arrêter le traitement s'il y a moins de trois grands follicules. Mais, en général, le couple est impliqué dans la décision. Certains déci-deront de continuer avec deux follicules, et d'autres préféreront annuler avec quatre follicules ;
- la deuxième possibilité, c'est qu'un kyste apparaisse lors de la stimulation. Dans ce cas-là aussi, le cycle est déprogrammé, car les sécrétions hormonales de ce kyste peuvent perturber le cycle au point de faire échouer le processus. Mais souvent, la prise de pilule au début du protocole permet d'éviter cela ;
- enfin, le cycle est déprogrammé si plus de 30 follicules se développent à cause d'une hyperstimulation massive (5 % des cas). Le programme sera alors arrêté avant la ponction, ou alors, la ponction sera quand même effectuée, mais tous les embryons seront congelés afin d'éviter une grossesse qui aggraverait un syndrome d'hyperstimulation.

En cas d'ICSI, on remarque que le taux de déprogram-mation est plus faible. Simplement parce que, dans l'ensemble, les femmes prises en charge en ICSI sont plus jeunes et n'ont aucun problème (l'infertilité venant alors du conjoint).

159

Échec de la ponction

Dans 1 à 2 % des cas, aucun ovule n'est recueilli à la ponction, alors que des images folliculaires apparaissaient à l'échographie. On parle alors de ponction blanche. Il y a plusieurs causes possibles :

- les follicules visibles n'étaient en fait que de petits kystes ovariens ;
- l'injection de hCG pour déclencher l'ovulation a été mal dosée ou inefficace ;
- l'existence d'adhérences masquant les ovaires a rendu la ponction difficile ;
- l'ovulation est prématurée, et dans ce cas, un très petit nombre d'ovules, voire même aucun, n'est recueilli ;
- enfin, du fait d'une raison technique : par exemple, un retard de la ponction de plus de deux heures, ce qui est rarissime.

Le risque est identique en ICSI et en FIV. Par contre, les risques de ponction blanche sont plus élevés en cycle naturel ; et lors d'un cycle stimulé, s'il y a peu de follicules au départ.

L'échec de la fécondation

L'absence de fécondation se produit dans environ 15 % des cas où des ovules ont été obtenus. En fait, deux causes peuvent être à la base de l'échec.

Soit les ovules étaient de mauvaise qualité (immatures, atrétiques [ayant dégénéré], abîmés) et donc impropres à la fécondation. Ce qui est plus fréquent s'il y a peu d'ovules.

Soit le conjoint a eu un sperme anormal, de façon inopinée, le jour de la tentative. Cela peut être le cas s'il y a eu un épisode de fièvre importante (une grippe, par exemple) dans les semaines précédentes. Dans ce cas-là, l'ICSI sera proposée le jour même. Ce risque est donc rare.

Mais en pratique, l'échec de la fécondation est surtout fréquent en cas d'infertilité inexpliquée (20 à 40 %), sans que l'on sache vraiment pourquoi. « En cas d'infertilité inexpliquée, explique la gynécologue Louise Lapensée, nous proposons souvent aux couples de faire une ICSI sur la moitié des ovules ; tout en mettant quelques conditions, cependant : que leur infertilité inexpliquée dure depuis plus de trois ans, que les deux partenaires n'aient jamais conçu, et qu'il y ait eu au moins trois inséminations sans succès. L'ICSI réalisée sur un ovule sur deux permet d'éviter le lendemain d'annoncer la terrible nouvelle : il n'y a pas eu de fécondation, il n'y aura donc pas de transfert. En même temps, cela permet d'en connaître un peu plus sur la cause de l'infertilité. Si les ovules ont bien fécondé dans les deux groupes, nous avons des embryons dans les deux groupes et nous savons que les deux conjoints sont capables de féconder ensemble. S'il y a eu fécondation dans le groupe ICSI seulement, le couple apprend à ce moment le pourquoi de l'infertilité (échec de fécondation dans le couple), mais au moins, ils auront un transfert d'embryons et une chance de grossesse. Bien sûr, ajoute-t-elle, l'échec de fécondation en ICSI peut survenir si le nombre d'ovules est faible, si les ovules sont de mauvaise qualité, et si le sperme est très anormal, dans les cas de facteur mâle extrêmement sévère. »

Enfin, dans de rares cas, l'échec tiendra à une cause technique. En cas d'ICSI notamment, moins de 5 % des ovules risquent d'être endommagés par la technique, faisant ainsi échouer la fécondation. Mais il faut savoir que, même quand l'ICSI est réalisée parfaitement, le taux de fécondation est de 70 % environ.

L'absence de transfert

Dans un faible pourcentage de cas, la fécondation a lieu, mais elle ne permet pas d'obtenir d'embryons. Il peut y avoir deux raisons à cela. Soit les ovules ont été fécondés par plusieurs spermatozoïdes : les embryons obtenus ne sont pas viables. Soit la fécondation s'est bien passée, mais il n'y a pas eu de développement embryonnaire. C'est en général à cause d'ovules de qualité médiocre. Enfin, si les médecins tentent une « culture tardive », il est toujours possible que de beaux embryons obtenus après deux jours ne tiennent pas jusqu'à cinq jours. En cas d'ICSI, on estime que ces risques sont les mêmes. À l'exception du risque de fécondation par plusieurs spermatozoïdes, qui est évidemment nul en ICSI.

L'échec de l'implantation

C'est le maillon faible de la fécondation *in vitro* : l'implantation de l'embryon dans l'utérus ne survient que dans 25 à 30 % des cas où un transfert a eu lieu. Dans tous les autres cas, l'embryon est expulsé par l'utérus, arrête sa formation, ou se décroche parce qu'il est anormal. Parfois, c'est parce qu'il est de qualité médiocre, ou encore qu'un fibrome intra-cavitaire ou un gros polype (plus de 10 ou 15 mm) déforment la cavité utérine. Une hystéroscopie sera alors effectuée ; mais, en général, ils auront été repérés avant la FIV. Parfois encore, aucune explication ne peut être fournie. Donc, si les échecs sont répétitifs lors de l'implantation, la technique de l'assistance à l'éclosion (ou « *hatching* ») sera proposée. Cette technique consiste à percer un petit trou dans l'enveloppe externe de l'embryon, au moment du transfert, afin de maximiser ses chances de s'implanter. Il faut enfin préciser que le repos dans les jours qui suivent le transfert n'a pas d'influence sur le taux d'implantation.

Arrêt de grossesse biochimique

Parmi les patientes qui présentent un taux d'hCG positif de 14 à 17 jours après la ponction (ce qui traduit une implantation de l'embryon), 8 à 10 % constateront très vite des saignements et une interruption de la grossesse. On appelle cela des grossesses biochimiques, car elles ne sont détectées que par le test sanguin mais jamais cliniquement à l'échographie. On ne pourra parler de « grossesse clinique » qu'à l'échographie, réalisée un mois plus tard, lorsque l'on observera dans l'utérus l'activité cardiaque de l'embryon. Les anomalies chromosomiques semblent être la cause principale de ce type d'échec.

Les fausses couches

Parmi les patientes présentant une grossesse clinique – grossesse qui a même parfois été visualisée à l'échographie –, environ 15 % feront une fausse couche ou une grossesse extra-utérine. Le taux de fausse couche n'est pas vraiment plus élevé en FIV que dans la population générale, mais ce risque augmente fortement avec l'âge : de 10 % à 25 ans, à 50 % à 42 ans. La principale cause de fausse couche avant deux mois de grossesse est, encore une fois, une anomalie du fœtus (lire p. 77).

LES PRINCIPAUX FACTEURS DE RÉUSSITE OU D'ÉCHEC DE LA FIV   *(Source : Institut Fivnat)*

Les facteurs qui ont une influence très forte

• **L'âge de la femme.** En 2004, au Canada, selon les statistiques de la Société canadienne de fertilité et d'andrologie, le taux de grossesse par cycle de FIV (incluant les ICSI) était de 38 % en dessous de 35 ans, 30 % entre 35 et 39 ans, et n'était plus que de 16 % à partir de 40 ans. « Si bien qu'en FIV, au cours des 15 dernières années, il n'y a eu aucune naissance vivante à Montréal d'une FIV effectuée chez une femme de 45 ans (même si la réserve ovarienne était encore bonne) en utilisant ses propres ovules », déplore le Dr Louise Lapensée, médecin spécialiste de l'infertilité à Montréal. Par contre, en don d'ovule, les grossesses sont fréquentes jusqu'à 50 ans, âge limite fixé au Canada.

• **Le nombre d'embryons transférés.** Pour un groupe homogène qui aurait un taux d'accouchement moyen de 23 % par transfert, le taux d'accouchement est de 10 % pour le transfert d'un seul embryon, 23 % pour le transfert de deux embryons, 29 % pour le transfert de trois embryons (mais le risque de grossesses multiples augmente bien sûr avec le nombre d'embryons transférés !). C'est pourquoi chez les femmes de 35 ans et moins, les médecins ne replacent en général pas plus de deux embryons.

• **Le taux de FSH.** Celui-ci traduit le vieillissement ovarien. Lors du test entre le 2e et le 4e jour du cycle, l'idéal est un taux inférieur à 8. Au-delà de ce chiffre, les chances ne font que baisser, pour devenir quasi nulles. « Mais nous devons différencier les FSH élevées chez les femmes de plus de 35 ans et chez celles de moins de 35 ans, précise le Dr Lapensée, de la Clinique Ovo. Si la femme a moins de 35 ans, elle a beaucoup plus de chances de devenir enceinte, malgré sa FSH élevée. Car les quelques embryons obtenus, s'il y en a, seront de meilleure qualité. Ainsi, des triplés sont nés il y a quelques années au Centre McGill d'une femme de 28 ans, avec une FSH à 45. »

• **La présence d'hydrosalpinx.** Ce liquide séreux qui bouche les trompes diminue les chances de fécondation de 20 à 50 %, mais surtout les chances d'implantation. Il est donc recommandé d'enlever les hydrosalpinx avant de faire une FIV, si ceux-ci sont visibles à l'échographie.

164

• **Une grossesse déjà obtenue en FIV.** On admet que le taux de succès est alors augmenté de 50 %.

Les facteurs qui ont une influence forte

• **Le nombre d'ovules recueillis.** Les chances augmentent de façon nette de un à six ovules. Au-delà, on constate une augmentation, mais qui est assez faible. Cependant, il faut se rappeler qu'il existe une forte relation entre le nombre d'ovules recueillis et l'âge de la femme.

• **Le nombre d'embryons obtenus.** Les statistiques montrent qu'à nombre d'embryons transférés égal, une femme a 25 % de chance de plus d'accoucher s'il reste un embryon, et 50 % s'il en reste deux ou plus ! Cela tient au fait que les médecins ont alors la possibilité de choisir les meilleurs embryons pour le transfert.

• **Le type de stimulation.** On remarque que les protocoles longs, utilisés dans plus de 80 % des cas, donnent les meilleurs résultats.

Les facteurs qui ont une influence moyenne

• **La cause de stérilité.** Les meilleurs résultats sont obtenus en FIV avec le don d'ovule, tout simplement parce que les donneuses sont jeunes et fertiles. Les plus mauvais résultats sont souvent dus à une réserve ovarienne faible, en raison de l'âge de la femme.

• **Les anomalies utérines.** La présence de fibromes, par exemple, a un effet très variable. Parfois, cela n'aura aucun effet, mais par contre les fibromes sous-muqueux (qui rentrent dans la cavité utérine), les gros polypes et les cas de synéchie (accolement dans la cavité) devront être opérés avant la FIV. Enfin, en cas de malformation utérine, les chances de succès sont un peu diminuées.

• **Le rang de la tentative.** Contrairement aux idées reçues, c'est la première tentative qui offre le plus de chances de succès. Au-delà, les chances diminuent mais de façon relativement peu importante. Sur des cas comparables, le taux de succès sera par exemple de 25 % lors de la première tentative, de 22 % pour la deuxième, 20 % pour la troisième et 18 % pour la quatrième.

Les facteurs qui ont une influence faible ou nulle

• **L'âge de l'homme.** Même s'il est prouvé que la qualité du sperme diminue de façon très progressive avec l'âge, cet effet est suffisamment minime pour le considérer comme négligeable, d'autant qu'il n'intervient qu'au-delà d'un âge avancé (55 ans et plus).

• **Le taux d'œstradiol.** Lors de la stimulation, il peut avoir une valeur pronostique s'il a un taux très bas ou très élevé.

COMMENT AMÉLIORER LES PERFORMANCES DE LA FIV ?

Tous les médecins spécialistes de l'infertilité rêvent d'améliorer les performances de la fécondation *in vitro*. Par exemple, quand sera-t-il possible de ne transférer qu'un seul embryon, tout en étant certain que la femme ait au moins une chance sur deux d'être enceinte ? On ne peut le dire encore. Mais certaines techniques existent déjà pour maximiser les taux de succès de la FIV.

La culture prolongée ou « tardive »

La première fécondation *in vitro* au monde, celle qui a donné naissance à la petite anglaise Louise Brown en 1978, a été réalisée à la suite d'une « culture tardive » de l'embryon. C'est-à-dire que l'embryon a été transféré dans l'utérus de la mère six jours après la fécondation, au stade de blastocyste. Puis, très rapidement, les spécialistes de la FIV ont changé de méthode. Ils ont estimé que le milieu de culture dans lequel évoluait l'embryon n'était pas capable d'assurer sa qualité si longtemps et qu'il valait mieux le transférer plus tôt. Alors, pendant plus de vingt ans, la grande majorité des cliniques a transféré l'embryon le deuxième jour après fécondation (J+2), ou au plus tard à J+3.

Aujourd'hui, grâce au développement de milieux de culture beaucoup plus performants, la méthode de la «culture prolongée» de l'embryon connaît de nouvelles heures de gloire au sein des cliniques de fertilité. D'autant plus que certaines recherches ont démontré qu'en reculant le jour du transfert, on maximisait les chances de grossesse.

En quoi cela est-il plus efficace? Jusqu'à J+2 en effet, l'embryon vit encore sur ses réserves ovocytaires et plus de 50 % des embryons arrêtent leur développement après ce stade. Ils se bloquent, comme s'ils n'avaient pas la capacité de poursuivre, seuls, leur développement. Mais en transférant à J+5, au stade du blastocyste, on ne replace que ceux qui sont bien partis; les «meilleurs des meilleurs». Cela permet aussi de transférer moins d'embryons à la fois.

Le seul risque, c'est qu'en attendant trop il n'y ait plus d'embryons du tout à la fin du 5e jour. Cette méthode est donc surtout indiquée pour les couples qui ont plusieurs embryons disponibles, lorsque les meilleurs d'entre eux ne peuvent pas être choisis au jour 2 ou 3.

D'autres spécialistes avancent que la «culture prolongée» se rapproche plus des conditions de la grossesse naturelle. En effet, à J+2, l'embryon est encore dans la trompe, et ce n'est qu'à J+5 qu'il arrive dans l'utérus. Cette méthode permettrait une meilleure «synchronisation» entre les phases respectives de l'embryon et de l'utérus, ce qui favoriserait déjà l'implantation de l'embryon. Pourtant, cet argument reste controversé. Selon la gynécologue de la Clinique Ovo, Louise Lapensée, «si le choix des deux meilleurs embryons est évident au jour 2 ou 3, il n'y a aucun avantage à attendre le jour 5 ou 6. Nous avons tous tendance à croire que l'incubateur naturel, c'est-à-dire l'utérus de la femme, est plus performant que le laboratoire. C'est pourquoi nous transférons encore souvent les embryons au jour 2 ou 3, et ce avec d'excellents résultats. Attendre jusqu'au 5e ou 6e jour permet surtout de faire une meilleure sélection quand celle-ci n'est pas possible au jour 2 ou 3. »

Par contre, la méthode peut aussi être utile pour ceux qui ont vécu des échecs répétés de transfert au stade précoce. On suppose que, chez ces couples, les embryons sont trop sensibles pour être transférés à J+2. Et elle est clairement indiquée à ceux qui doivent vraiment éviter les grossesses multiples.

Une récente étude, publiée en 2004 et réalisée par le Centre de médecine reproductive du Colorado, a prouvé les très bons taux de réussite de ces transferts tardifs. Pour cette étude, 48 femmes âgées de 26 à 43 ans ont participé à un protocole de FIV et ont reçu en transfert un ou deux blastocystes (embryons au 5e jour après la fécondation). Les femmes n'ayant reçu qu'un seul embryon ont obtenu une grossesse dans 60,9 % des cas, sans grossesse multiple. Tandis que les femmes ayant reçu deux embryons ont obtenu une grossesse pour 76 % d'entre elles, avec un taux de grossesse multiple de 47,4 %.

Au final, tout cela est possible depuis que l'on connaît mieux la physiologie des embryons et que l'on sait reconstituer des milieux de culture très proches des conditions naturelles. Car pour faire évoluer l'embryon *in vitro* pendant six jours, cette technique demande trois types de milieux de culture différents (ils seront changés le jour de la fécondation, ensuite à J+1, puis à J+3). Ce sont tous des milieux «synthétiques» qui imitent le milieu naturel grâce à des produits de synthèse. Mais certains contiennent aussi un peu d'albumine humaine. En effet, même si les biologistes ont longtemps hésité à utiliser des composants d'origine humaine ou animale en raison des risques viraux potentiels, aujourd'hui les techniques se sont perfectionnées. Ces sérums, indispensables pour conserver un embryon de qualité, sont d'ailleurs systématiquement testés contre les virus potentiels : VIH, hépatite B et C, etc.

Enfin, il faut savoir qu'en raison de la situation légale de l'embryon, la technique de la culture prolongée n'est pas possible partout. Elle n'est permise ni en Allemagne, ni en Italie, ni en Suisse, mais elle l'est aux États-Unis, au Canada, ou encore en Autriche ou en France.

Le « hatching », ou l'éclosion assistée du blastocyste

L'éclosion assistée est indiquée en cas d'échecs répétés de l'implantation de l'embryon, au cours d'une FIV. Également, lorsqu'on soupçonne que la zone pellucide de l'embryon est trop épaisse ou trop dure pour qu'il ait des chances de s'implanter, ce qui arrive souvent quand l'âge de la femme est plus avancé. Car si sa «coquille» est trop épaisse, l'embryon sera incapable de la briser et d'entrer en contact avec la muqueuse utérine pour s'y implanter. En quoi l'opération consiste-t-elle ? Il s'agit simplement de créer artificiellement une petite brèche dans la zone pellucide de l'embryon, à l'aide d'un faisceau laser microscopique, juste avant le transfert.

Le diagnostic préimplantatoire

Cette méthode permet de mieux sélectionner les embryons en étudiant leur « carte génétique », et en repérant notamment les chromosomes sexuels susceptibles de développer une maladie génétique. Si le diagnostic préimplantatoire (DPI) était systématique, on pourrait donc prédire que les résultats de la FIV seraient bien meilleurs : les embryons porteurs de maladies génétiques ne seraient plus transférés et il y aurait moins de fausses couches dues aux anomalies génétiques. C'est ainsi que dans l'État de Californie, environ 80 % des fécondations *in vitro* sont accompagnées d'une analyse chromosomique pour voir s'il n'y a pas un risque de trisomie 21 ou de trisomie 18.

Mais le diagnostic préimplantatoire pose d'importants problèmes éthiques, et nous sommes loin de ce dépistage systématique. Dans la plupart des pays, les centres sont autorisés à le pratiquer pour dépister des maladies rares, par exemple quand il y a un risque de transmission. En France, par exemple, trois centres ont reçu l'agrément de le réaliser selon la législation, lorsqu'il s'agit d'une maladie, diagnostiquée chez l'un des futurs parents, particulièrement grave et incurable au moment du diagnostic. Cela a permis par exemple au petit Valentin de naître indemne d'une maladie enzymatique mortelle, à Clamart, en 2000. Depuis, plusieurs dizaines de naissances ont suivi cette première française. Au Québec, cela se pratique maintenant aussi couramment.

Mais là encore, surgit un autre débat éthique : est-il acceptable de recourir à la FIV juste pour pratiquer un DPI sur son futur bébé, en dehors de tout problème d'infertilité ? C'est discutable. De nombreux couples porteurs d'une maladie génétique préfèrent ainsi concevoir naturellement une grossesse, quitte à vérifier dès la 8e ou la 9e semaine, par un bilan chromosomique, que le fœtus est indemne.

Le transfert d'embryons congelés

Certains chercheurs pensent que la congélation des embryons améliore les chances de succès de la FIV. Jacques Testart, le «père» de la première FIV française avec René Frydman, en fait partie. «Même si trois embryons sur quatre survivent à l'épreuve de la congélation, précise-t-il, leur transfert un par un au cours de FIV successives aboutit à la naissance d'un enfant une fois sur deux.» Une statistique supérieure à celle de la fécondation naturelle ! Pourquoi les embryons congelés sont-ils plus «tenaces» que leurs frères non soumis à la congélation ? Selon le chercheur, l'explication est double. «D'une part, on peut penser que seuls les embryons aptes au développement résistent à la congélation/ décongélation, et on ne transplante dans l'utérus que ceux dont une faible proportion, voire aucune, des cellules n'a été détruite, écrit-il dans son ouvrage *L'Œuf transparent* (coll. «Champs», éd. Flammarion, Paris, 1986). D'autre part, le transfert *in utero* des embryons décongelés prend place au cours d'un cycle féminin naturel ou très peu modifié. Exempt de perturbations artificielles induites, ce cycle pourrait être plus propice à l'accueil de l'embryon.» Et effectivement, les taux d'implantation d'embryons lors de FIV en cycle naturel sont plus élevés (lire p. 139). Cela étant, dans toutes les cliniques, priorité sera bien sûr donnée aux embryons frais. Mais si vos embryons venaient à êtres congelés, c'est une théorie intéressante et rassurante !

La congélation d'ovules

L'ovule est une des plus grosses cellules du corps humain, mais c'est aussi l'une des plus fragiles : elle résiste très difficilement au processus de congélation/décongélation. Comme le spermatozoïde, l'eau qu'il contient est susceptible de former des cristaux de glace lors du refroidissement, ce qui abîme les cellules ; mais l'ovule contient encore plus d'eau que le spermatozoïde, ce qui rend le processus très délicat.

Or, de grandes avancées ont été faites dans ce domaine, car les chercheurs du monde entier y travaillent depuis très longtemps. Ainsi, en 1986, une première grossesse issue d'un ovule congelé a été obtenue. Mais à l'époque, les chercheurs atteignaient un taux de réussite d'à peine 1 à 2 % : il fallait donc entre 100 et 200 transferts d'embryons avant d'espérer une grossesse !

Par contre, en 2003, le Dr Jeffrey Boldt de l'Université d'Indiana a publié dans la revue *Human Reproduction* des résultats bien plus prometteurs. Grâce à sa technique de cryopréservation, le taux de survie de l'embryon atteindrait désormais 74 %, et le taux de fécondation, 59 %. Si bien que 4 de ses patientes sur 11 auraient donné naissance à cinq bébés, atteignant un taux de grossesse de 36 %. La même année, une équipe japonaise arrivait à la même réussite. Et un an plus tard, au Québec, c'était au tour de l'équipe du Dr Seang Lin Tan[9] de faire les manchettes de la prestigieuse revue *The Lancet*.

Comment ont-ils fait ? Même si les procédés diffèrent très légèrement d'une équipe à l'autre, le principe de base est le même : ils ont tous conçu une nouvelle solution cryoprotectrice dans laquelle les ovules peuvent être refroidis extrêmement rapidement. Ce processus accéléré, dénommé

---

9. Directeur du service d'obstétrique et de gynécologie, ainsi que du Centre de la reproduction au Centre universitaire de santé McGill.

vitrification, fait en sorte que les ovules deviennent solides presque instantanément, ce qui prévient la formation de cristaux. Du côté de l'équipe canadienne, le procédé s'appelle «Cryoleaf» et refroidit plus de 20 000° C à la minute! Et c'est au sein de leur clinique que, le 29 avril 2005, naissait en parfaite santé le premier bébé canadien issu d'un ovule congelé. En l'occurrence, le bébé était issu d'une FIV, combinée à la micro-injection de spermatozoïde (ICSI). «L'enveloppe de l'ovule semble être devenue plus résistante avec la congélation, il nous a donc fallu aider le spermatozoïde à la pénétrer», expliquait alors le Dr William Buckett.

La technique est-elle vraiment sécuritaire pour les couples? «Il faudra accumuler des données pendant encore plusieurs années avant que l'on soit assuré de sa parfaite innocuité, ajoutait le gynécologue ce jour-là. Car, même si aucune anomalie évidente n'a été relevée chez les 50 ou 100 bébés qui sont déjà nés d'ovules congelés, partout dans le monde, nous devons demeurer très prudents. Il faut maintenant confirmer que la technique est aussi sûre que la congélation du sperme et des embryons.» Au Québec, l'utilisation de cette technique se limite donc surtout, pour le moment, aux femmes qui risquent de perdre leur fertilité au cours d'un traitement chimiothérapique ou radiothérapique. Un jour, peut-être, précise le Dr Louise Lapensée, «cela permettra aussi aux jeunes femmes dans la vingtaine de congeler des ovules pour avoir une banque, au cas où».

Par contre, dans ce domaine encore, les États-Unis ont foncé les premiers, tête baissée. En 2004, la première banque d'ovules, fondée par Jeffrey Boldt (celui-là même qui publiait un des premiers résultats sur la congélation d'ovules) ouvrait ses portes à Phoenix. Depuis, la compagnie Cryo Eggs International peut envoyer, moyennant 2 500 dollars américains, un ovule congelé n'importe où dans le monde, qui sera ensuite dégelé, fécondé et implanté par votre médecin, le jour de votre choix.

Au final, quels sont les avantages de la technique ? Dans le domaine du don d'ovule, elle élimine de nombreux problèmes posés par l'utilisation d'ovules frais : la difficulté de synchroniser les cycles menstruels de la donneuse et de la receveuse ; elle résout même le problème de la distance géographique et les frais de voyage ; mais également le risque de transmission de maladies infectieuses, puisque les ovules congelés sont mis en quarantaine pendant six mois, le temps de faire passer une batterie de test à la donneuse et d'en attendre les résultats définitifs.

Et même si, comme le fait remarquer René Frydman, « le don d'ovule nécessite un acte chirurgical invasif, contrairement à la masturbation, et ne doit donc pas être banalisé », un débat éthique sous-jacent plaide en sa faveur. En effet, vaut-il mieux congeler l'ovule, même si l'acte est invasif pour la femme, ou congeler l'embryon, dans lesquels certains reconnaissent déjà une personne humaine ? Le courant majoritaire, aujourd'hui, vote pour la congélation de l'ovule.

Une spermatogenèse *in vitro* ?

Actuellement, peu de traitements existent pour améliorer la qualité du sperme. Hormis le changement complet des habitudes de vie, la prise de vitamines et le traitement hormonal, il n'en existe même aucun. Par contre, le professeur et médecin français Pierre Jouannet est optimiste quant aux possibilités à venir. « On peut penser que, dans quelques années, nous maîtriserons mieux le phénomène de formation des spermatozoïdes, et qu'il sera envisageable de reproduire la spermatogenèse *in vitro*, à partir des cellules souches des hommes, puis de transférer ces cellules germinales dans les testicules. Ce qui permettra aux hommes infertiles de procréer naturellement sans recourir à la FIV. » Des travaux en seraient aujourd'hui au stade expérimental sur les rongeurs. Affaire à suivre !

LES EFFETS SECONDAIRES DES TRAITEMENTS ET LES RISQUES POUR VOTRE SANTÉ

Les effets secondaires des traitements, c'est bien sûr le sujet qui soulève le plus d'inquiétudes chez les couples infertiles : les traitements associés à la FIV auront-ils des effets indésirables sur leur santé et celle de leurs enfants, s'ils en ont ? Concernant leur santé, c'est presque incontournable. Mais le problème, c'est qu'ils ne s'y attendent pas toujours. La plupart des études montrent en effet que les couples qui recourent aux traitements de fertilité se plaignent d'un manque d'information quant à leurs effets. Pourtant, ils sont nombreux. D'ailleurs, il n'y a pas que les effets des traitements. Il y a aussi les issues possibles de la FIV elle-même : les fausses couches, les grossesses extra-utérines, les grossesses multiples. Dans tous les cas, votre médecin doit vous en informer et vous y préparer le mieux possible. Voici donc l'essentiel de ce qu'il vous dira... ou pas.

La prise de poids

Pendant la stimulation ovarienne, une prise de poids variant de 500 g à 1 kg est considérée comme normale. Mais souvent, les femmes prennent beaucoup plus. Certaines patientes se plaignent d'avoir pris 10 kg, parfois 15. Tout cela est bien sûr lié à la prise d'hormones et au bouleversement du métabolisme. Il faudra donc, plus que jamais, faire attention à votre assiette !

L'hyperstimulation ovarienne

C'est LE risque le plus redouté lors de la stimulation ovarienne, au début de chaque protocole de FIV. En général, ce risque est prévenu par une surveillance régulière des follicules ovariens par échographie. Également, de façon un peu moins fiable, par une surveillance des œstrogènes grâce à des prises de sang (dosages hormonaux). Mais dans 5 à 10 % des cas, les patientes développeront une hyperstimulation.

Cela se produit quand leurs ovaires répondent « trop bien » au traitement et qu'un nombre anormalement grand de follicules se développe : entre 20 et 30, au lieu des 8 ou 10 espérés. Les recherches sont encore plus précises : elles prouvent que les patientes qui développent 30 follicules ou plus, et dont le taux d'œstradiol avoisine les 6 000 picogrammes, ont 80 % de risque de développer une hyperstimulation ovarienne. Dans tous les cas, cela nécessite alors une mise au repos, parfois même un arrêt de traitement, puis les troubles régressent spontanément.

On distingue en fait plusieurs stades, plus ou moins graves :

- soit il y a juste une augmentation isolée des ovaires, ce qui est presque toujours le cas lors des stimulations ovariennes ;

- soit cette augmentation importante des ovaires s'accompagne de douleurs au niveau du pelvis, d'un gonflement abdominal, d'une prise de poids, de troubles digestifs et de nausées. On parle alors de syndrome d'hyperstimulation ovarienne (SHO) « léger ». Le problème se contrôle bien par lui-même ;

- soit, enfin, cela s'accompagne en plus de vomissements, d'étourdissements, d'urines foncées ou absentes, de diarrhées, mais aussi d'un épanchement séreux (ascite) et de troubles hydroélectrolytiques. En d'autres termes : une fuite d'eau hors des vaisseaux sanguins inonde d'abord le ventre (ascite), puis les poumons (épanchement pleural). On parle de SHO sévère. Cela est souvent impressionnant car le ventre est très gonflé, mais, là encore, les troubles régressent presque toujours d'eux-mêmes avec la mise au repos.

Dans 1 à 2 % des cas cependant, une hospitalisation et des soins importants, voire une réanimation, sont nécessaires.

Dans sa forme la plus aiguë, l'hyperstimulation peut mettre la vie en danger, lorsqu'elle entraîne des problèmes de coagulation anormale. Mais cela est rarissime.

La seule bonne nouvelle est que, la plupart des femmes qui ont des symptômes d'hyperstimulation sont enceintes, car les hormones de grossesse contribuent à accentuer la stimulation des ovaires et la production de liquide dans le ventre. Et, heureusement, le syndrome d'hyperstimulation ne compromet pas la grossesse.

L'hyperstimulation, un exemple vécu

« Mardi 22 novembre, soit quatre jours après le transfert d'embryon, j'ai commencé à ressentir les effets du syndrome d'hyperstimulation. Ça a débuté très progressivement. Mais le vendredi soir, c'était bien pire et nous sommes allés consulter à la clinique de fertilité le samedi matin. Le médecin a diagnostiqué un syndrome d'hyperstimulation ovarienne modéré, ne nécessitant pas d'hospitalisation immédiate. Il m'a toutefois recommandé de consulter à l'urgence dans les plus brefs délais si j'avais les symptômes suivants : urines foncées, vomissements, douleurs abdominales intenses. Le soir même, j'avais tous ces symptômes

177

et nous sommes allés à l'urgence, tel que prévu. Comme il s'agit d'un syndrome plutôt rare, les médecins n'ont pas su faire le diagnostic ni me traiter adéquatement, et m'ont renvoyé chez moi le dimanche en fin d'après-midi. Ce jour-là, j'ai eu un test de grossesse sanguin. Le taux était à 26. J'étais alors neuf jours après le transfert. Nous étions bien contents, mais nous savions que rien n'était gagné pour autant. Mon état a empiré durant la soirée et je suis à nouveau retournée à la clinique de fertilité le lundi matin.

Le médecin m'a fait hospitaliser immédiatement et a donné des instructions claires sur le traitement dont j'avais besoin. Cette fois-ci, j'ai donc été prise en charge correctement. Je suis restée deux semaines à l'hôpital. Bilan : j'ai pris 50 livres d'eau au niveau de l'abdomen et des jambes en 10 jours, j'ai perdu 20 livres de muscles et de gras car j'étais incapable de m'alimenter pendant trois semaines. J'ai subi une détérioration de la fonction rénale, eu des difficultés respiratoires pendant quelques jours, des douleurs intenses nécessitant la prise régulière d'analgésiques narcotiques, des nausées importantes, un reflux gastro-œsophagien sévère…

Au bout de deux semaines, soit le 12 décembre, j'avais commencé à perdre un peu d'eau, donc on m'a permis de retourner à la maison. Dans la semaine qui a suivi, j'ai dû retourner deux fois à l'urgence pour des périodes de 24 heures pour me faire réhydrater, car je pouvais perdre 5 ou 6 livres par jour. En plus, les nausées de grossesse très intenses ont fait leur apparition et je n'étais absolument pas en état de boire suffisamment. Au final, il m'a fallu un mois et demi pour perdre cet excès de liquide.

La seule bonne nouvelle est que, régulièrement durant l'hospitalisation, et, chaque séjour à l'urgence, mes taux de bêta-hCG étaient mesurés et augmentaient progressivement. J'ai eu ma première échographie le 18 décembre à la clinique de fertilité. Malheureusement, le médecin n'a rien vu en raison de la trop grande quantité de liquide dans mon abdomen! Il m'a demandé de revenir la semaine suivante. Donc, le 24 décembre, on a enfin vu qu'un embryon s'était accroché. On ne pouvait espérer de plus beau cadeau de Noël! »

(Anne, novembre 2005, Québec.)

Les risques liés à la ponction

Comme tout geste chirurgical, la ponction peut s'accompagner de complications. Mais elles sont très rares. Il peut s'agir soit d'une hémorragie, si l'on ponctionne le vaisseau sanguin au-dessus de l'ovaire ; ou, plus rarement, d'un abcès ovarien ; soit d'une infection pelvienne, mais les antibiotiques élimineront le problème ; ou d'une péritonite, par blessure involontaire du tube digestif.

Les grossesses multiples

Plus on transfère d'embryons, plus le pourcentage de succès de la FIV augmente. Mais du même coup, le risque de grossesse multiple aussi. Au-delà de trois embryons transférés, il y a même une forte chance de grossesse multiple. Les statistiques parlent d'elles-mêmes : sur 100 grossesses issues de FIV, 65 seront simples, 35 seront doubles, 5 seront triples.

C'est ce qui expliquerait, selon le chercheur Raymond Lambert[10], que « 80 % de toutes les grossesses multiples en Amérique du Nord découlent du traitement de l'infertilité.

10. Chercheur au Centre de recherche en biologie de la reproduction du département d'obstétrique et de gynécologie de l'Université Laval.

La moitié est associée à l'emploi de médicaments qui stimulent l'ovulation, l'autre moitié au transfert de plusieurs embryons conçus *in vitro* dans l'utérus de la femme ».

Au Québec, le nombre de naissances multiples a fait un bond de 25 % entre 1989 et 2000. Et, selon l'Institut de la statistique du Québec qui avance ces chiffres, « cette hausse – en proportion et non en nombre – provient principalement de la popularité des traitements contre l'infertilité ».

Alors bien sûr, les parents se montrent presque toujours ravis, eux qui espéraient tellement un enfant. Une étude publiée dans *Human Reproduction* en 2004 montre que, même après avoir été informés de tous les risques que comprend une grossesse multiple, près de 90 % des patients seraient contents d'avoir des jumeaux. Par contre, les mêmes personnes interrogées préféreraient le transfert d'un embryon unique à celui de plusieurs embryons, si le taux de succès était égal…

Car il faut savoir qu'une grossesse multiple arrive toujours avec son lot de complications : il y a un plus haut risque de fausse couche, d'hémorragie post-partum, de diabète de gestation, de travail prématuré, de naissances prématurées et de handicaps divers. Et ces risques sont directement proportionnels au nombre de bébés issus de la même grossesse.

Par exemple, le taux de mortalité à la naissance est six fois plus élevé en cas de grossesse gémellaire qu'en cas de grossesse unique (lire l'encadré, p. 182). De même, 30 % des triplés pèsent moins de 1 500 g et 32 % sont de grands prématurés. Ces grossesses multiples sont donc très lourdes économiquement, que ce soit pour la famille, mais aussi pour les unités de néonatalogie, chargées de traiter les naissances prématurées. Et si l'on ajoute à cela les dangers pour la santé de la mère et les enfants, on comprend que tous les spécialistes de l'infertilité cherchent aujourd'hui à les éviter le plus possible, et les considèrent même comme un échec. C'est pourquoi, dans de nombreuses publications et congrès internationaux, l'accent est mis sur la responsabilité des cliniques de fertilité pour les éviter[11].

En 1999, la Society for Reproductive Technology (SART) et l'American Society for Reproductive Medicine ont publié des directives à ce sujet. Concernant les femmes de 35 ans et plus, ayant un «bon pronostic» de conception par FIV (embryons de bonne qualité, sans échec préalable de FIV, et avec embryons congelés en réserve), il est recommandé désormais de ne pas transférer plus de deux embryons.

Plus récemment, le 14 mars 2006, le Collège des médecins du Québec prenait lui aussi fermement position. «Si une bonne partie des femmes et des hommes présentant des problèmes de fertilité peuvent aujourd'hui avoir des enfants, il faut bien admettre avec le recul que c'est au prix de certains risques pour la santé de ces enfants. Ce n'est pas ce qui était souhaité ni prévu. Personne, ni les parents ni les médecins concernés, n'a pour objectif de fabriquer des infirmes. Mais la réalité en va parfois autrement, et la moralité exige d'assumer les conséquences, même lointaines, de ses actes.» Dans le même énoncé, le Collège insistait donc sur les pistes de solutions possibles : réduire le nombre d'embryons implantés en FIV, mieux contrôler la stimulation ovarienne, recourir à la réduction embryonnaire.

Aujourd'hui, la plupart des équipes entendent ces consignes et se limitent donc à deux, exceptionnellement trois embryons transférés lors des fécondations *in vitro*. Voire

---

11. François Olivennes, «Avoiding multiple pregnancies in ART», *Human Reproduction*, vol. 15, no 8, 2000.

à un seul, quand l'embryon a un excellent aspect morphologique, que le couple est jeune et se dit prêt à affronter l'échec.

« Le scénario idéal est de ne transférer qu'un seul embryon dans un cycle de FIV et de faire plusieurs cycles de transfert d'embryons congelés par la suite, admet la gynécologue Louise Lapensée. Ce scénario se pratique déjà couramment dans les pays où la FIV est couverte par le gouvernement ou les assurances (la France ou la Belgique, par exemple) et où les frais supportés par les équipes de néonatalogie doivent au maximum être évités. En Amérique du Nord, par contre, il est beaucoup plus difficile de faire accepter aux couples le transfert d'embryon unique, car les coûts sont les mêmes et les chances de grossesse se divisent presque par deux. Ils devront, de plus, payer des frais supplémentaires pour le cycle de transfert d'embryons congelés. »

En outre, puisque les chances de succès diminuent à mesure que l'âge de la femme avance, les médecins suggèrent toujours d'augmenter le nombre d'embryons à transférer si l'âge de la femme est avancé. À une patiente de plus de 40 ans, il est donc assez fréquent d'en transférer trois, voire quatre. Même chose lorsqu'il s'agit d'une FIV avec embryons congelés, car les embryons décongelés transférés ont moins de chance de s'implanter que des embryons frais.

Les risques associés aux grossesses multiples

Incidence de mortalité périnatale (morts pendant le dernier trimestre, bébés mort-nés ou morts moins de 28 jours après la naissance) :

Pour 1000 bébés

Grossesses uniques : 12

Jumeaux : 65

Triplés : 89

Incidence de paralysie cérébrale

Pour 100 bébés

Grossesses uniques : 1 à 2

Jumeaux : 6 à 10

Triplés : 28 à 44

Source : Clinique de jumeaux de l'hôpital Royal Victoria

• **La réduction embryonnaire**

S'il y a grossesse multiple de haut rang, une réduction embryonnaire sera envisagée. En effet, même si cette technique soulève de grands débats éthiques, il y a un consensus chez les obstétriciens pour considérer qu'une grossesse de quatre fœtus et plus représente trop de risques pour la laisser évoluer : risques de mort fœtale, complication maternelle, etc. L'attitude est plus mitigée devant une grossesse triple ; car même si le risque de complications est élevé, l'issue est satisfaisante dans un grand nombre de cas et 66 % des grossesses triples accouchent après 32 semaines de gestation.

Si la réduction embryonnaire est décidée, l'intervention se fait par ponction échoguidée sous anesthésie locale. On arrête le développement d'un fœtus par injection directe d'un produit létal, aux alentours de la douzième semaine de grossesse. Juste avant, un test de clarté nucale (dépistage prénatal) tentera si possible de cibler un fœtus à risque d'anomalie fœtale. Mais tout ceci n'est pas sans risque : une fausse couche générale peut survenir ; même si la probabilité est très faible pour les équipes entraînées.

Il est donc souhaitable de ne pas en arriver là. «Et heureusement, précise Louise Lapensée, le Canada ne suit pas la méthode de certaines cliniques américaines qui implantent un grand nombre d'embryons pour ensuite volontairement procéder à des avortements sélectifs. »

Au contraire, la plupart des équipes prennent leurs précautions en amont : par la réduction du nombre d'embryons transférés, et surtout par la surveillance étroite de la stimulation de l'ovulation. La congélation d'embryons permet aussi d'éviter cette situation. Car la réduction embryonnaire est une intervention non seulement délicate pour l'équipe médicale, mais surtout très difficile psychologiquement pour le couple. On leur demandera d'ailleurs leur consentement écrit, précisant les raisons qui justifient cette interruption partielle de grossesse multiple. Un délai de réflexion est aussi souvent proposé, de même qu'une information claire sur le déroulement et les conséquences de l'acte.

Les fausses couches

Le nombre de fausses couches précoces est légèrement plus important en clinique de fertilité que pour une grossesse naturelle, c'est un fait. Environ 20 à 25 % des grossesses naturelles se terminent en fausse couche (parfois sans même que la femme s'en rende compte) ; tandis qu'en cas de FIV, on compte 30 % des grossesses. Mais ceci tient essentiellement au fait que les femmes qui se présentent en clinique de fertilité sont plus âgées ; et cela trompe les statistiques. En outre, plus l'âge est élevé et plus le passé biologique et médical est lourd ; ce qui a une influence directe sur le risque de fausse couche. Ainsi, chez les patientes de 35 à 40 ans, le taux monte à 35 % ; et chez les femmes de plus de 40 ans, le risque dépasse 40 %.

Les grossesses ectopiques ou extra-utérines

Quand l'embryon se développe en dehors de l'utérus, en général dans l'une des trompes de Fallope, on parle de grossesse ectopique (lire p. 70). Cela concerne 1 à 2 % des grossesses de façon générale. Le plus souvent, elles aboutissent à une fausse couche ; mais il y a un risque que l'embryon continue de se développer dans la trompe et la rompe. Il faut alors opérer. Or le risque de grossesse ectopique serait plus élevé chez les « fivistes ». Tout simplement parce que cette population compte un plus grand nombre de femmes souffrant d'un problème de trompes, à la base ; et que l'embryon a plus de risques d'aller se coincer dans des trompes bouchées ou fragilisées.

Il est par contre reconnu que le transfert de blastocyste (embryon âgé de 5 ou 6 jours plutôt que de 2 jours) génère beaucoup moins de grossesses ectopiques. L'embryon est plus gros et s'implantera peu de temps après le transfert. Il n'a donc pas le temps de se rendre jusqu'à la trompe pour s'y implanter.

Enfin, une autre méthode ayant fait ses preuves est de transférer les embryons à 2 cm du fond utérin plutôt qu'à 1 cm. Les risques de grossesse ectopique s'en trouvent diminués.

Un risque de cancer accru

Plusieurs études ont aujourd'hui prouvé que les hormones utilisées pour stimuler l'ovulation étaient liées à un plus grand risque de cancer des ovaires. La première étude ayant fait couler beaucoup d'encre est parue en 1992, dans l'*American Journal of Epidemiology*. Selon cette étude, le risque de cancer de l'ovaire serait multiplié par 2,8 chez les femmes ayant pris durant 12 cycles et plus du citrate de clomifène, et il serait encore plus élevé pour celles qui n'ont finalement pas

185

d'enfant malgré les médicaments. Par contre, il n'existe aucune donnée spécifique sur les médicaments utilisés en FIV.

Mais le cancer de l'ovaire n'est pas le seul doute qui plane sur les traitements liés à la FIV. En 1999, la prestigieuse revue *The Lancet* publiait une étude australienne réalisée sur un panel impressionnant : 29 700 femmes, dont 20 656 soumises à des FIV. Les auteurs rapportent une augmentation de la fréquence des cancers du sein et de l'utérus dans l'année qui suit une FIV. Une des hypothèses avancées : les inducteurs de l'ovulation aurait accéléré le développement d'un cancer préexistant[12]. Tandis qu'en France, le Comité consultatif national d'éthique prévenait aussi, dès 1994 : « De nombreux praticiens ont remarqué la survenue fréquente de cancer du sein, avec des formes graves chez des femmes jeunes. Les connaissances sur la genèse du cancer du sein et son hormonodépendance laissent à penser que les stimulations de l'ovulation pourraient jouer un rôle[13]. » Mais il faut savoir que si une grossesse est obtenue, il y a aura une diminution significative de risque du cancer du sein et de l'ovaire.

Les grossesses uniques par FIV, plus risquées que les grossesses spontanées ?

Une étude canadienne récente[14] a recensé de nombreuses études comparatives entre naissances issues de FIV et naissances issues de grossesses spontanées. Et, à la vue de ces

---

12. « Risque de cancer accru après l'utilisation des traitements contre la stérilité dans les processus de FIV », *The Lancet,* 6 novembre 1999.
13. Avis sur l'évolution des pratiques d'assistance médicale à la procréation, 30 mars 1994.
14. Sarah D. McDonald, Kellie Murphy, Joseph Beyene, Arne Ohlsson, « Perinatal outcomes of singleton pregnancies achieved by *in vitro* fertilization : a systematic review and meta-analysis », *Obstet Gynaecol Can,* 2005, 27(5), 449–459.

résultats, on peut désormais affirmer que les naissances issues de FIV sont plus « à risque » que les secondes, même s'agissant de grossesses uniques. Selon les auteurs de l'étude, « les grossesses monofœtales issues d'une FIV présentent des taux accrus d'issues obstétricales médiocres, par comparaison avec les grossesses monofœtales spontanées (les cas ont été appariés en fonction de l'âge maternel). Soit : des hausses de la mortalité périnatale, du nombre de cas de naissances prématurées à moins de 33 semaines de gestation, du nombre de cas de naissances prématurées à moins de 37 semaines de gestation, du nombre de cas de grande insuffisance de poids à la naissance (inférieur à 1 500 g), du nombre de cas d'hypotrophie fœtale et du nombre de cas de malformations congénitales ».

Les effets secondaires de certains médicaments

En préparation du cycle

- *Pilule contraceptive.* Sous forme orale. Elle est souvent prescrite pour contrôler la date des règles et pour éviter la formation de kystes ovariens.

  Possibles effets secondaires : ballonnements, nausées, tensions des seins, maux de tête.

Pour supprimer l'ovulation naturelle et mettre les ovaires au repos (1re phase)

- *Lupron, Decaptyl ou Suprefact.* Se prennent en injections sous-cutanées.

  Possibles effets secondaires : maux de tête, bouffées de chaleur, tension des seins, constipation, vertiges, fatigue, sautes d'humeur, sécheresse vaginale, irritation à l'endroit de l'injection.

- *Synarel ou équivalents.* Spray nasal. Plus populaire en Europe. Mêmes effets secondaires que les médicaments précédents en injections.

- *Antagon, Centrotide ou Orgalutran.* Injections sous-cutanées. Médicaments relativement nouveaux, puisqu'ils sont arrivés en 2000 des États-Unis. Empêchent l'ovulation prématurée. Parfois prescrits aux patientes qui ne « répondent » pas assez aux autres médicaments. Le traitement est beaucoup plus court, parfois une seule injection suffit.

  Possibles effets secondaires : douleur abdominale ou gonflements, nausées, diarrhées, gain de poids, irritation à l'endroit de l'injection.

**Pour « réveiller » les ovaires et stimuler
le développement de plusieurs follicules**

- *Repronex, Menogon.* Pris en injections sous-cutanées ou intramusculaires. Faits à partir d'hormones naturelles issues de l'urine de femmes ménopausées et composés pour moitié de FSH et de LH.

  Possibles effets secondaires : ballonnements, rétention de liquides, tension des seins, nausées, sautes d'humeur, fatigue, agitation.

- *Bravelle.* Injections sous-cutanées. Issu du même procédé que le médicament précédent mais contient essentiellement de la FSH. Mêmes effets secondaires.

- *Follistim, Gonal-F, Puregon, Menopur ou équivalents.* Injections sous-cutanées. Contiennent de la FSH. Mêmes effets secondaires.

Pour le recueil des gamètes (ovules et spermatozoïdes)

- *L'hormone hCG,* produite à l'état naturel par le placenta mais reproduite ici sous forme de médicaments, va déclencher la libération des œufs par les ovaires environ 40 heures après l'injection. Les médicaments sont fabriqués à partir de l'urine des femmes enceintes, dans laquelle se trouve aussi l'hormone.

- *Navarel, Pregnyl, Profasi.* Injections intramusculaires ou sous-cutanées.

  Possibles effets secondaires : ballonnements, gonflement des seins, maux de tête, nausées, constipation, irritation à l'endroit de l'injection.

- *Ovidrel.* Injections sous-cutanées. Mêmes effets secondaires.

  Puis **des antibiotiques** seront prescrits pour réduire les risques d'infection

- *Doxycycline, Tetracycline.* Prise orale. Possibles effets secondaires : agitation, sensibilité au soleil, troubles gastro-intestinaux.

Pour favoriser la nidation de l'embryon

- *Progestérone.* Cette hormone va favoriser l'implantation en aidant la muqueuse utérine (où l'embryon viendra s'accrocher puis s'implanter) à atteindre la parfaite épaisseur.

  Se prend sous forme d'injections intramusculaires, de suppositoires ou de gels vaginaux. Possibles effets secondaires : crampes, constipation, diarrhées, nausées, maux de tête, tension des seins, somnolence, nervosité, envie plus fréquente d'uriner la nuit.

- **Heparin.** Prise en injection sous-cutanée. Parfois prescrit aux femmes développant des anticorps antiphospholipides, pour accroître le flot de sang dans l'utérus et empêcher la coagulation qui peut causer une fausse couche. Possibles effets secondaires : frissons, fièvre, maux de tête, nausées, vomissements, éruptions cutanées, irritation à l'endroit de l'injection.

- **Estrace, Climara.** Prise : comprimés (*Estrace*), suppositoires vaginaux ou timbres-cutanés (*Climara*). Supplément d'œstrogène donné avec la progestérone pour favoriser l'implantation et le support des embryons. Médicament fréquent lors de cycles avec embryons congelés, dons d'embryons, ou mère porteuse. Possibles effets secondaires : crampes abdominales, nausées, perte d'appétit, ballonnements ; et parfois diarrhées, étourdissements, maux de tête, vomissements.

- **Viagra.** Parfois prescrit pour épaissir une muqueuse utérine trop fine, car ce médicament aurait la propriété d'accroître le flux sanguin.

LA FIV ET LES ENFANTS À NAÎTRE : SERONT-ILS DES ENFANTS COMME LES AUTRES ?

Lorsque Louise Brown vit le jour, peu avant minuit le 25 juillet 1978, tous les journaux du monde entier se posèrent cette question : cette enfant sera-t-elle normale ? En fait, elle-même et la fécondation *in vitro* étaient le résultat de 10 ans d'études et d'essais. Depuis, des centaines, des milliers, des centaines de milliers de FIV ont suivi. On estime aujourd'hui que plus d'un million d'enfants au monde en sont issus. Et alors, qu'en est-il ? Les études sont nombreuses et se contredisent parfois. Mais on peut d'ores et déjà affirmer que la FIV, en elle-même, n'est pas responsable de tare ou d'anomalie génétique. C'est davantage les situations consécutives à la FIV, comme la prématurité des enfants issus d'une grossesse multiple, qui pourront avoir des conséquences graves. Ou encore la technique de la micro-injection d'un spermatozoïde qui, en forçant un peu la nature, peut transmettre le gène de la stérilité aux bébés garçons. Voyons plus en détail ce qu'il en est.

Davantage de petits poids à la naissance

La fécondation *in vitro* engendrerait d'abord plus d'enfants de faibles poids à la naissance. On le savait depuis longtemps s'agissant des grossesses multiples; or, on sait maintenant que cela concerne aussi les grossesses uniques issues de FIV, suivies d'ICSI ou non. Un groupe de chercheurs du Center for Disease Control d'Atlanta, en Georgie, a ainsi recensé les naissances de faibles poids (2,5 kg, soit 5,5 livres ou moins) parmi 42 000 enfants américains nés d'une FIV entre 1996 et 1997, et parmi trois millions d'enfants nés de grossesses naturelles en 1997. Leurs conclusions? Les enfants issus de la reproduction assistée ont 2,6 fois plus de risques de naître avec un faible poids que ceux issus d'une grossesse naturelle, même à 37 semaines et plus. Par contre, l'étude n'a pas relevé de différence de poids significative entre les jumeaux issus de FIV et ceux conçus naturellement[15].

Davantage de problèmes congénitaux

Les enfants conçus par FIV et ICSI auraient deux fois plus de risques (9 % contre 4,5 %) de naître avec au moins un

---

15. Laura A. Schieve *et al.*, «Low and very low birth weight in infants conceived with use of assisted reproductive technology», *The New England Journal of Medicine*, 346, n° 10, 2002.

problème congénital majeur (c'est-à-dire qui perdure au-delà de l'âge d'un an) que les enfants conçus naturellement. C'est ce qu'affirmait, en 2002, une étude publiée dans le très sérieux *New England Journal of Medicine*[16]. Une autre étude de 2004, une méta-analyse cette fois-ci, a compilé de nombreuses études existantes sur ce sujet et abouti aux mêmes conclusions[17]. Mais il faut garder en tête que, selon plusieurs études, les couples qui souffrent d'infertilité ont un risque à la base plus élevé d'avoir des enfants avec des anomalies congénitales, même s'ils conçoivent spontanément. On ne sait pas pourquoi.

Plus de désordres neurologiques

Toujours en 2002, un groupe de scientifiques suédois publiait dans la revue *The Lancet* une vaste étude portant sur les désordres neurologiques des enfants issus de FIV. Ils ont analysé la santé de 5 680 enfants nés d'une FIV entre 1982 et 1995, âgés de 18 mois à 14 ans au moment de l'étude. Chacun de ces enfants a été apparié avec deux enfants d'un groupe témoin ; et, pour compenser la forte incidence des jumeaux dans la population d'enfants issus d'une FIV, les chercheurs ont aussi apparié chaque jumeau avec deux jumeaux dans le groupe témoin. Le groupe témoin d'enfants conçus naturellement comptait donc 15 397 enfants.

Puis, les chercheurs ont identifié chez eux 138 désordres neurologiques différents, classés en 20 catégories. Cela incluait notamment : le retard mental, l'autisme infantile,

---

16. Michèle Hansen *et al.*, « The risk of major birth defects after intracytoplasmic sperm injection and *in vitro* fertilization », *The New England Journal of Medicine*, 346, n° 10, 2002.

17. Jennifer J. Kurinczuk, Michèle Hansen et Carol Bower, « The risk of birth defects in children born after assisted reproductive technologies », *Current Opinion in Obstetrics and Gynecology*, 16, 2004.

les troubles de comportement, les troubles de langage, le retard de développement, la paralysie cérébrale, les malformations congénitales, les anomalies chromosomiques, les désordres neuromusculaires, les problèmes oculaires, les problèmes auditifs, etc. Finalement, les diagnostics les plus souvent relevés ont été la paralysie cérébrale, le retard de développement, une malformation congénitale, le retard mental et les troubles du comportement. Quelles sont leurs conclusions? Les enfants issus de FIV ont quatre fois plus de risques de développer une paralysie cérébrale que les autres enfants, et deux fois plus de risques de développer une malformation congénitale. Mais ces résultats, admettent-ils, peuvent être en partie expliqués par l'incidence des grossesses multiples (prématurité et faible poids à la naissance). Par contre, chez les enfants uniques issus de FIV, le risque de paralysie cérébrale est presque trois fois plus élevé, et le risque de malformations congénitales reste deux fois plus élevé que dans le groupe témoin[18].

Le comportement et la réussite scolaire

« Le devenir psychologique des enfants FIV a été étudié par comparaison avec des enfants témoins nés dans les mêmes conditions (date de naissance, caractère unique ou multiple de la gestation, sexe…) sans qu'aucune différence n'ait pu être mise en évidence, affirme le spécialiste français René Frydman. Et si, dans les premiers mois, quelques difficultés d'adaptation de la relation mère-enfant sont parfois notées, c'est vraisemblablement en rapport avec un

18. B. Strömberg *et al.*, « Neurological sequelae in children born after *in vitro* fertilization : a population-based study," *The Lancet*, 359, 2002.

David L. Healy et Kerryn Saunders, « Follow-up of children born after *in vitro* fertilization », *The Lancet*, 359, n° 9305, 2002.

surinvestissement affectif face à cet enfant tant attendu. » Sur le plan du comportement et au niveau psychologique, on ne noterait ainsi aucune différence entre enfants FIV et autres.

Seules quelques études montrent que, plus attendus et donc plus entourés d'attention lors des premières années de leur vie, les enfants FIV réussissent mieux sur le plan scolaire. L'étude du médecin français Sylvie Epelboin, par exemple, qui a suivi 287 enfants nés par FIV entre 1985 et 1994 à l'hôpital Saint-Vincent-de-Paul, à Paris, avance que, sur 29 enfants de 5 à 10 ans fréquentant l'école primaire, 19 avaient un niveau normal et 10 avaient un an d'avance. Une autre étude, réalisée à l'hôpital Antoine-Béclère, en banlieue parisienne, a abouti aux mêmes conclusions : sur 422 enfants âgés de 6 à 13 ans, conçus par FIV entre juin 1981 et décembre 1988, les performances étaient satisfaisantes pour 92,2 % d'entre eux. La seule explication logique, comme le fait remarquer René Frydman, est sans aucun doute celle d'un grand investissement affectif de la part des nouveaux parents.

L'ICSI, transmetteur de nouvelles infertilités ?

Grâce à la micro-injection d'un spermatozoïde, le médecin choisit, au moment de la fécondation *in vitro*, le spermatozoïde qui lui semble le plus vigoureux et l'injecte directement dans l'ovule afin de le féconder. Le procédé élimine donc tout processus de sélection naturelle, et dès sa première utilisation sur l'humain en 1992, cette méthode a soulevé de nombreux débats. Mais alors, qu'en est-il des résultats sur les enfants ?

Stephen L. Corson, professeur d'obstétrique et gynécologie et chef de la section endocrinologie du Pennsylviana Hospital

(Philadelphie), ne s'inquiète pas du tout des conséquences de ce procédé. «On a craint que ce contournement du processus normal, par lequel une sélection naturelle se fait parmi les spermatozoïdes, puisse faire augmenter le nombre de naissances anormales. Mais cela ne s'est pas avéré. Le spermatozoïde est essentiellement un véhicule pour la livraison de son chargement génétique d'ADN, et, comme tout véhicule, l'extérieur n'a rien à voir avec la cargaison. Certains hommes n'ont pas de spermatozoïdes du tout dans leur sperme en raison d'un blocage des canaux après chirurgie, à cause d'infections ou d'anomalies de naissance. Ces spermatozoïdes, qui sont emprisonnés dans l'épididyme, sont immatures et pourront servir à la fécondation dans le cadre de l'ICSI. Même des spermatozoïdes extrêmement immatures, prélevés directement dans les testicules par biopsie, ont produit des enfants normaux. »

Ce que contestent un certain nombre d'autres chercheurs, qui reprochent au procédé de n'avoir jamais fait l'objet de recherche sur l'humain, avant d'être utilisé à grande échelle. «Les premiers travaux effectués sur l'animal, soit les bovins, remontent au début des années 1990, déplore Raymond Lambert, professeur retraité de gynécologie et d'obstétrique et chercheur à l'Université Laval (Québec), c'est-à-dire deux ans avant la publication des premiers résultats sur les humains. Chez la souris, première espèce modèle en recherche biomédicale, les premiers résultats datent de 1995. Enfin, les premiers porcelets issus d'une ICSI sont nés en 2000. » Depuis, heureusement, «3200 publications ont traité de l'ICSI, dont la très vaste majorité rapporte des résultats obtenus chez l'être humain ». Et ces résultats ne sont pas toujours rassurants.

Car la seconde chose que l'on reproche à l'ICSI, c'est de pouvoir transmettre d'une part la stérilité masculine à l'enfant, et, d'autre part, des gènes déficients responsables d'anomalies. Dès 1986, le Français Jacques Testart écrivait à ce sujet : « Le choix délibéré d'un spermatozoïde n'est pas un acte innocent, car il pourrait exister des mécanismes naturels de sélection du gamète fécondant parmi l'ensemble de ceux qui entourent normalement l'ovule. En court-circuitant ces mécanismes, on risquerait d'augmenter la fréquence des anomalies du zygote. » Ce que de nombreux chercheurs ont essayé de démontrer depuis[19].

Mais, la technique étant récente, il faut pour cela attendre que les enfants de l'ICSI soient grands et au moins prêts psychologiquement à se masturber en vue du prélèvement de sperme à des fins d'analyse !

Cela dit, Maryse Bonduelle, pédiatre et généticienne auprès du laboratoire de génétique médicale de l'hôpital universitaire néerlandophone, à Bruxelles, a été l'une des premières à organiser une étude. Dans son hôpital, elle a proposé l'ICSI à la seule condition que les couples acceptent de passer certains examens avant et après la naissance de l'enfant. Son équipe dispose donc d'une banque de données de 6 000 enfants nés par FIV, dont la moitié en ICSI. Quels sont les résultats ? Sur le développement physique des enfants au niveau néonatal, puis leur développement psycho-moteur entre 2 et 5 ans, aucune différence n'a été relevée. Par contre, le taux de malformations de l'appareil uro-génital et les anomalies des chromosomes sexuels serait plus élevé

---

19. Voir notamment : J.J. Kurinczuk, M. Hansen, C. Bower, « Assisted repro-ductive technologies and the risk of birth defects – a systematic review » ; *Human Reproduction,* 2005, 20, 328-338.

chez les enfants nés d'une ICSI. « Ces malformations, s'inquiète Maryse Bonduelle, sont très majoritairement dépistées chez les garçons et il est possible qu'elles soient liées à des troubles de la fertilité à l'âge adulte. »

En janvier 1999, la généticienne Renée Martin de l'université de Calgary (Canada) arrivait au même constat. « Des études ont démontré quatre fois plus d'anomalies au niveau des chromosomes sexuels chez les bébés résultants de l'ICSI : 1 % comparé à 0,25 % dans la population fertile. » Mais comme l'explique le Dr Jean Cohen, ancien président de la Société française de gynécologie : « Il se pourrait que ces anomalies ne soient pas dues aux techniques de procréation assistée mais aux anomalies des parents eux-mêmes. » Voilà pourquoi certains médecins suggèrent un caryotype, lors des infertilités masculines sévères : pour que les parents sachent, avant de recourir à l'ICSI, les possibilités de transmission génétique de leur infertilité. Mais le plus souvent, les couples sont avertis de ces risques et signent tout de même un formulaire de consentement avant le traitement.

Chapitre 6

La FIV et le couple :
des défis et des ressources

Les traitements de fertilité, et tout particulièrement la FIV, sont un ouragan d'épreuves pour le couple. Bien sûr, l'infertilité est déjà une épreuve. Mais la fécondation *in vitro* en est une autre. Il faut s'efforcer de la considérer comme une tentative, et non comme une promesse de réussite ; il faut être prêt à supporter les hauts et les bas, entre chaque étape ; et il faut tout simplement accepter l'idée de faire un bébé en dehors de la sexualité, suite à une « pause laboratoire ». Êtes-vous prêts pour cela ? Sans doute pas assez. Aujourd'hui, il existe des indices pour le savoir, et des méthodes pour se préparer. À la fin de ce chapitre, vous y verrez donc plus clair.

LA DOULEUR DE L'INFERTILITÉ

Le désir d'être parent, de pouponner, de montrer son bébé, de lui apprendre tout ce que l'on sait, l'envie soudaine d'agrandir sa famille, sont des désirs communs à presque tous les couples qui s'aiment. Transmettre la vie et laisser une trace de soi-même. Se lancer dans une aventure encore plus forte, plus épanouissante. L'enfant s'impose comme la continuation du couple, le fruit de leur amour.

L'envie d'un bébé est même, pour la plupart, si profondément ancrée en nous, que lorsque la vie nous rend cet acte difficile, ce désir devient obsessionnel. On voit des bébés partout, plus que jamais. On a l'impression de n'avoir jamais vu autant de poussettes. Jamais les invitations à des *showers* de bébés ou des baptêmes n'ont été si nombreuses. Et jamais autant d'amies n'ont été enceintes. Bref, on dirait que le monde entier nous nargue. Et tout cela est normal, même si c'est bien sûr une vision déformée du monde. Car l'infertilité est une des plus grandes douleurs que la femme, l'homme ou le couple dans son ensemble peuvent être amenés à vivre. Selon des études récentes, le niveau de dépression lié à l'infertilité serait comparable à celui des personnes aux prises avec une maladie mortelle comme le cancer – c'est dire !

Parce que l'infertilité oblige chacun à une totale introspection, en même temps qu'une entière remise en question. Nos vies semblent tout à coup entrer dans une phase de gel temporaire, nous empêchant d'avancer. Et le pire, c'est qu'on se sent impuissant à changer quoi que ce soit. D'autant plus qu'au bout du compte, il s'agit de notre propre corps. «Notre corps ne répond pas», notre corps «nous lâche», «nous trahit», alors que l'envie d'un bébé est si forte, et que notre couple et notre maison sont prêts à l'accueillir. Le paradoxe est déconcertant et, à ce moment-là, il nous semble qu'il n'y a rien de plus injuste que de ne pas pouvoir procréer quand on le désire si fort. Tandis que d'autres femmes, sur la planète, sont contraintes d'avorter… se dit-on parfois. Pourquoi la nature est-elle si mal faite ?

Ainsi, l'infertilité est un mélange de tout un tas de sentiments incontrôlés. Après le choc de l'annonce, on ressent à la fois de la crainte (celle de ne jamais tomber enceinte), de la culpabilité (d'imposer cela à son compagnon), du regret (de ne pas avoir essayé plus tôt), de la frustration (de voir tellement de femmes enceintes), une impuissance (devant ce corps qui nous trahit), de l'angoisse (de devoir affronter les traitements qui arrivent).

« Aurons-nous jamais le bonheur d'être parents ? »

« Ce qui est le plus dur, c'est de se dire que nous avons besoin du médecin pour faire un petit amour. Mais aussi de se dire, que peut-être nous n'aurons jamais le bonheur d'être parents, que peut-être tout ce qu'on endure est vain. Ce serait plus simple de savoir que dans deux mois, six mois ou un an on attendra un enfant. L'incertitude est très dure à vivre.

Le jour de ma première échographie de surveillance, je suis tombée sur une ancienne copine, qui venait elle aussi passer une écho. Je priais pour que ce soit pour la même raison que moi. Mais non, elle nous a répondu : « Eh bien, nous, c'est pour fin juillet ! » Et, là, il a fallu essayer de garder le sourire, être heureuse pour elle, alors que nous… Bref, c'est vraiment très, très dur à vivre.

Surtout que l'on se sent seuls au monde… personne avec qui partager tout cela… J'ai même coupé les ponts avec ma famille (cousins, cousines, tantes, oncles, grands-parents), je ne peux plus les voir. Je sais que certains d'entre vous trouveront ça égoïste, mais c'est vraiment pour ma survie. Seuls mes parents nous soutiennent.

Récemment, c'était notre 4e et dernière insémination, et, en février, on commencera les FIV. Mais, si vous saviez comme j'ai peur. Je suis parfois prise de terribles crises d'angoisse. Angoisse de ne jamais être maman, de ne jamais porter d'enfant, de ne jamais donner d'enfant à mon mari que j'aime tant. Je veux qu'on ait un enfant qui nous ressemble. Je veux adopter un enfant aussi, mais plus tard. Je veux tellement avant, porter, sentir bouger en moi un petit. Pouvoir donner la vie à l'être que j'aimerai le plus au monde. Pouvoir porter en moi une partie de l'homme que j'aime, pendant neuf mois, où que j'aille. J'ai peur. Et en même temps, il me tarde. »

(Audrey et Samuel, 23 et 27 ans, Rocbaron, Var, France.
Actuellement en cours de FIV.)

Finalement, l'infertilité affecte...

• **Notre estime de soi.** La femme en veut à son propre corps de la « trahir », et l'homme, de son côté, se sent moins viril, presque inutile. L'absence d'enfant les conduit même, d'une certaine façon, à remettre en cause le but de leur vie : « Si je ne peux pas avoir d'enfant, que deviendrai-je ? À quoi bon continuer la route seuls ? » se disent-ils parfois. Même si, bien sûr, ces sentiments sont très extrêmes et que chacun peut bâtir une vie heureuse sans enfant.

• **Notre relation de couple.** Très souvent, dans sa souffrance, l'un peut se mettre à blâmer l'autre, lui reprochant son infertilité, sa conduite passée, ou son manque de motivation envers les traitements. Ou encore, tout en étant très solidaire et aimant, chacun peut avoir une vision diamétralement opposée des solutions à l'infertilité. Mais surtout, parce qu'il n'est pas rare que l'infertilité sépare le couple, quand la douleur de l'un est trop forte pour être supportée par l'autre, ou que le désir d'enfant et le sentiment d'échec prennent le dessus sur ce qui unit le couple.

« On avait installé une barrière entre nous ! »

« Notre couple en a souffert, de la FIV. À une période, ce n'était pas tout rose. Je n'arrivais pas à accepter le fait que Mickaël ne me parle pas, on avait installé une barrière entre nous deux. Alors qu'en fait, il ne voulait pas que je le voie souffrir pour ne pas me déprimer davantage. Depuis, la période des mauvais jours est passée, nous sommes plus unis que jamais. Nous nous parlons beaucoup et nous confions plus l'un à l'autre. Notre combat n'est pas fini, même si notre moral est au plus bas et que nos nerfs sont prêts à lâcher n'importe quand. On se dit qu'on n'a peut-être pas encore tout vu du pire, mais nous espérons bientôt enfin voir le bout du tunnel. »

(Sandrine et Mickaël, 25 ans et 31 ans, Cholet, Maine-et-Loire, France. Actuellement en cours de FIV.)

• **Nos amitiés**. Parce que notre infertilité, à force de nous miner, peut faire naître des sentiments incontrôlables de jalousie et d'injustice à la vue des enfants de nos amis. Ou au contraire, une insensibilité démesurée, qui camoufle notre souffrance. Les rencontres avec les amis et la famille se font donc de plus en plus rares, au profit d'autres amitiés plus centrées sur nos intérêts… comme l'infertilité !

« Les bébés des autres, une épreuve ! »

« Novembre 2003. Ma meilleure amie, ma voisine, m'annonce sa grossesse. Elle a deux ans de plus que moi. Un mois auparavant, elle m'avait dit qu'elle arrêtait la pilule. Pourtant, depuis des années, elle me disait qu'elle ne se sentait pas d'avoir des enfants, que ce n'était pas son truc. Par contre, son ami la pressait un peu. Et boum ! Dès l'arrêt de la pilule ! Cela m'a mis une grande claque. Tout est revenu au galop, j'ai cru que j'allais sombrer. J'ai suivi tant bien que mal cette grossesse qu'elle n'arrivait pas à assumer, qu'elle a cachée le plus longtemps possible. Elle ne l'a pas très bien vécue. Ni l'accouchement. Il m'a fallu des tonnes de courage pour aller les voir à la maternité. Cela fait partie des trucs que je n'arrive plus à endurer : les bébés des autres, les maternités, les cadeaux de naissance. Ras-le-bol. Je crois que j'ai tout laissé s'exprimer à ce moment-là. Mon mal-être, mon sentiment de vide, d'une vie vide et sans intérêt. »

(Isabelle, 31 ans, France. Actuellement en cours de FIV.)

« À ce jour, nous avons quatre couples d'amis qui attendent une naissance, de septembre à décembre. Un bébé tous les mois. Je redoute le moment où il va falloir les féliciter et essayer d'aller les voir à la maternité. Puis, nous avons ma cousine, que je considère comme une sœur. Elle n'a pas encore d'enfant mais elle vient de m'annoncer qu'elle a arrêté la pilule, donc je commence à me préparer à l'idée qu'elle m'annonce aussi un heureux événement. Quand elle me le dira, ce sera assez dur mais je serai très contente pour elle. Et d'ailleurs, je ne souhaiterais pas qu'elle vive la même histoire que nous. Je ne le souhaite à personne. »

(Sandrine et Mickaël, 25 ans et 31 ans, Cholet, Maine-et-Loire, France. Actuellement en cours de FIV.)

• **Notre sexualité**. Pour certains, autant dire que les essais répétés pour obtenir une grossesse rendent la relation sexuelle aussi banale et utilitariste qu'un… lavage de dents ! Pour d'autres, l'absence de grossesse coupe tout simplement l'envie de faire l'amour, puisqu'à chaque fois l'attente est infructueuse. Et, presque toujours, la « programmation » des relations sexuelles tue leur spontanéité. Brigitte-Fanny Cohen, « fiviste » elle-même et auteur du best-seller *Un bébé mais pas à tout prix* (Éd. J'ai lu, Paris, 2004), décrit bien ce sentiment. « Déjà dans ma tête viennent se greffer une horloge et une machine à calculer. Mon cerveau s'est mué en calendrier, rythmé par les fatidiques 28 jours du cycle, avec au centre, les deux principaux, ceux de l'ovulation. » Le romantisme passe à la trappe, le désir baisse, et les relations, très fréquentes au milieu du cycle, s'espacent le reste du temps.

Faire l'amour, qu'une question de calendrier

« Certains couples parlent de problèmes sexuels, mais peu, je trouve. Pour nous, depuis cette période, ce n'est pas facile. Je vis avec mes cycles depuis quatre ans, je sais comment je fonctionne et nos rapports sont venus se calquer là-dessus. Je ne faisais l'amour que dans la bonne période. Plus grand-chose d'autre ne comptait. Cela a engendré des blocages chez lui. Cette année, notamment, fut en dents de scie, la discussion revenait assez souvent sur le tapis. »

(Isabelle, 31 ans, France. Actuellement en cours de FIV.)

• **Notre joie de vivre.** Les vacances, les sorties entre amis, les balades en vélo et tous les autres petits plaisirs qui autrefois nous rendaient si heureux apparaissent, petit à petit, beaucoup plus tristes et fades depuis que le manque d'enfant nous obsède. On se répète en soi-même : « Ah, si nous avions un petit, tout de suite maintenant, ce serait autre chose ! ». Tous ces sentiments sont parfaitement normaux et tous, les hommes, les femmes et les couples infertiles les vivent. Dans une immense majorité.

Et les hommes ?

Et si les hommes étaient un peu déconsidérés, voire oubliés, pendant le processus de FIV? Toutes les études le déplorent. Les hommes se sentiraient délaissés autant de la part des équipes médicales que de leur entourage voire de leur conjointe. Or, c'est une grande injustice, car malgré leur courte participation au cours de la FIV, ils souffrent autant – sinon plus – que leur conjointe et ils ne bénéficient jamais des mêmes attentions. La femme subit tous les traitements, certes. Les ponctions, les transferts, les injections. Mais la souffrance de l'homme ne doit pas s'évaluer en termes de traitements et de contraintes; elle doit se mesurer en termes de stress, de pression de l'échec. En effet, tandis que la femme se « laisse porter » par l'équipe médicale, l'homme a un rôle court mais ô combien crucial. Imaginez ce qui pèse sur ses épaules : le jour J, dans des lieux inconnus et au delà de tous les tabous, il doit impérativement fournir un maximum de spermatozoïdes, en quelques minutes! Ce recueil sera vécu comme un véritable test de virilité, et il n'est pas rare que ce jour là, la peur de ne pas y arriver le paralyse.

Mais ce n'est pas tout. Souvent, ils ont l'impression (parfois inconsciente) que les médecins « monopolisent » le corps de leur femme. Que le traitement les éloigne d'elle, à la fois temporellement, sexuellement et mentalement. Pour cette raison, il n'est pas rare qu'à cette période apparaissent des problèmes d'érection ou d'éjaculation. Aussi, peut-être l'homme se sent-il terriblement coupable de son infertilité. Même s'il ne le « verbalise » pas, il souffre sûrement beaucoup de voir sa femme endurer tous ces traitements, les bras bleus par toutes les prises de sang, le ventre gonflé d'hormones, alors que le problème vient peut-être de lui.

Or, s'il ne verbalise pas cette culpabilité, cela ne veut pas dire qu'il ne la ressent pas. Il est donc crucial de continuer à communiquer et de ne pas le culpabiliser. Cela aurait pu venir de vous. C'est le moment de lui dire : « On ira jusqu'au bout ensemble, parce qu'on s'aime plus que tout. » « Heureusement, tu as toujours été là pour moi. » Il a peut-être très envie de l'entendre. D'autant qu'il est maintenant prouvé que le stress agit de façon défavorable sur la production des spermatozoïdes ; et il vaut donc mieux cultiver le bien-être de votre homme si vous voulez mettre toutes les chances de son côté !

ÊTES-VOUS PRÊTS POUR LE « PARCOURS DU COMBATTANT » ?

Il faut savoir qu'un traitement de FIV apporte de nombreux moments de découragement, de hauts et de bas, et il faut savoir s'y préparer. Même si une joie immense peut être au bout du chemin.

Prêts ensemble...

On le dit souvent, il faut être motivé mais surtout « soudé » pour entamer un traitement contre l'infertilité. Car tout comme un enfant ne peut sauver un couple, un traitement long et difficile ne le rapproche pas, tout au contraire. Il sera une belle épreuve. Il faut dépasser les rancœurs, éviter à tout prix de reprocher à l'autre son infertilité, et souhaiter tout autant l'un que l'autre le traitement et sa réussite. Un couple qui n'a pas la même motivation face à la FIV aura une grande difficulté à en vivre les contraintes, notamment s'il s'agit d'une infertilité féminine. Or, ce n'est pas à l'équipe médicale de

« contrôler » cette motivation. Éventuellement, la psychologue vous mettra en garde si elle soupçonne un profond désaccord.

« Il ne comprend pas mon désir d'enfant ! »

« Mon mari, que je sentais très distant par rapport à tout ça, m'a dit qu'il n'était pas d'accord pour des traitements, que nous avions encore le temps. Alors là, j'aime autant vous dire que ce fut très douloureux ! On a traversé une bonne crise conjugale. J'ai décidé de ne plus en parler et j'ai mis de côté ce désir d'enfant. J'ai essayé de me convaincre que l'on avait encore le temps : je m'étais même convaincue que je ne voulais pas d'enfant, chose incroyable quand je pense que j'avais le moral dans les chaussettes à chaque arrivée de règles.

Puis à l'automne, j'ai mis mon mari devant le fait accompli. "Soit on fait quelque chose, soit je ne sais pas si je resterai avec toi." Cela m'a fendu le cœur d'avoir à lui dire ça car je l'aime très fort, mais que faire ? Il m'a dit alors qu'il souhaitait que nous ayons un enfant, qu'il cherchait aussi à me protéger des échecs, et qu'il pensait plutôt, depuis le début, à une adoption. Mais moi, je ne suis pas prête pour ça. Il ne comprend pas ce désir viscéral que nous avons, nous, les femmes. »

(Isabelle, 31 ans, France. Actuellement en cours de FIV.)

Supporter les examens répétés

Bien sûr, la durée des traitements est variable. Mais ils sont toujours complexes et souvent douloureux. Des douleurs localisées commencent lors de la stimulation de l'ovulation, avec des injections quotidiennes pendant deux semaines, puis une douleur plus diffuse, causée par la

« réponse » des ovaires, apparaît ensuite chez près d'une femme sur deux. Cette douleur vient souvent du bas du ventre et se ressent parfois en marchant, en portant des objets, en position assise, ou encore pendant les rapports sexuels. Mais ce n'est pas tout. De nombreuses femmes se plaignent aussi de douleurs, suite à la ponction, dans la région des ovaires. Elles le ressentent notamment au réveil, le lendemain de l'anesthésie. Du côté des hommes, le prélèvement chirurgical des spermatozoïdes causerait aussi une douleur au niveau des testicules, sur plusieurs jours. Sans parler du stress du recueil par masturbation.

Suivre un traitement de fertilité nécessite donc une grande motivation et une grande disponibilité. On se sent un peu comme un « corps laboratoire ». Combien de fois la femme devra-t-elle se mettre en position gynécologique et mettre sa pudeur au panier ? Combien de fois va-t-elle se dévêtir devant des inconnus ? Et, selon la grande majorité des témoignages, il ne faut pas que le couple s'attende à beaucoup de psychologie de la part des personnels, à l'annonce des résultats.

Une annonce faite sans délicatesse

« Mai 2005. J'ai été très stressée pour la ponction, surtout par l'anesthésie en fait, mais cela s'est super bien passé. Avant, j'avais souvent du mal au réveil, et là, impeccable ! Juste au premier lever, je suis tombée un peu dans les vapes, puis c'était reparti après une perfusion de glucose, je suppose.

Enfin, nous avons attendu avec impatiente le verdict. Là, on nous a appelés dans le bureau des infirmières pour une prise de sang, et la sage-femme est entrée pour nous donner les résultats : "Eh bien vous, on ne sait pas ce qui s'est passé, mais il n'y a rien, pas l'ombre d'un ovocyte ! "

Je ne vous dis pas le choc, cela a dû faire le big bang dans ma tête, je m'attendais à tout, mais pas à cela. Sur ce, elle

nous explique sommairement les faits : il peut y avoir plusieurs explications, mais ils ne savent pas réellement. Enfin, elle nous annonce qu'après concertation avec le professeur, ils sont d'accord pour refaire une tentative, car je suis encore jeune et que c'est encore possible. Je suis repartie à la maison au quatrième dessous et y suis restée pendant deux mois. Nous n'avons pu revoir la gynécologue que fin juillet. »

(Isabelle, 31 ans, France. Actuellement en cours de FIV.)

Gérer l'attente

L'aventure de la FIV n'est qu'attente, jour après jour ! Attente des examens préliminaires, attente de l'arrivée des règles pour commencer enfin le traitement, attente entre chaque échographie pour suivre l'évolution des follicules, attente de la ponction, attente des résultats de la ponction, attente de l'insémination, attente du résultat final ! Or, c'est cette dernière étape qui semble bien sûr la plus longue. C'est le pic de l'angoisse et de l'incertitude. Une incertitude qui se vit de plus dans la solitude, puisque les contacts avec l'équipe médicale se sont en général arrêtés. Alors, pendant ce temps, les couples guettent le moindre signe, osant à peine bouger, et ne pensant qu'à cela. L'arrivée des règles est redoutée comme jamais. Du coup, contrairement aux grossesses naturelles où les premiers jours après la fécondation se passent forcément dans l'inconnu et le calme, les couples qui passent par la FIV n'ont pas cette naïve quiétude et cette sérénité…

Accepter les conséquences sur votre couple

La FIV, c'est tout d'abord une période de grande suscep-
tibilité. Une phrase, un mot de trop peuvent déclencher une
crise de larmes. La communication est fragile et déréglée.
En effet, soit la FIV est une obsession et le besoin d'en parler
est omniprésent (notamment pour la femme, au grand stress
de l'homme !) ; soit elle devient un sujet tabou et le couple
se replie un peu sur lui-même. Mais la FIV, c'est aussi une
grande intrusion dans l'intimité du couple et sa sexualité.
Car, si un mauvais fonctionnement des relations sexuelles
peut être à la base de l'infertilité, à l'inverse, le traitement
contre l'infertilité est presque toujours la source de problèmes
sexuels ! C'est l'ironie de l'histoire : au moment où le couple
a justement besoin d'une grande connexion physique, les
rencontres sexuelles sont de plus en plus difficiles. Non
seulement parce que le conjoint a l'impression que l'équipe
médicale « monopolise » le corps de sa femme, qui se trouve
privé de son érotisme, mais aussi parce que la conjointe se
sent moins désirable. Ou, au contraire, il se peut qu'elle en
veuille à son partenaire de vouloir encore le sexe « pour le
sexe », alors que lui, de son côté, reproche à sa conjointe de
ne vouloir le sexe que pour faire un bébé…

D'autant que, quand l'enfant ne vient pas, une forme de
rancune inconsciente s'installe. On se demande : à quoi sert
de faire l'amour, si aucun enfant ne doit en naître ? A quoi
sert de faire l'amour, puisque le laboratoire se charge de
tout ? Il devient difficile de faire l'amour pour le plaisir, « sans
raison ». Et tous ces sentiments, directement et indirectement,
font perdre confiance en son corps et pèsent sur les relations
sexuelles. Cela dit, cela concerne moins les infertilités inexpliquées, où les couples continuent souvent de faire l'amour
dans l'espoir qu'une grossesse se déclenche spontanément.

Mais ce n'est pas tout. Les psychologues qui suivent de près les «fivistes» savent qu'il est assez fréquent qu'un parcours de FIV, même réussi, soit suivi d'un divorce. Surtout en cas de naissances multiples. Béatrice Koeppel, psychologue d'un des centres français de FIV les plus réputés (l'hôpital Antoine-Béclère, près de Paris), a réalisé une enquête sur l'après-FIV auprès de 143 femmes. Elle constate qu'après la naissance, il n'est pas rare de voir les gens se séparer, malgré l'arrivée d'un enfant si désiré, longtemps attendu par des parents qui ont mis toute leur énergie dans ce combat. Quelle en est la cause ? Ce n'est pas celle de l'enfant. Mais celle du processus de FIV qui l'a engendré, monopolisant, parfois pendant des années, avec son lot de stress, de médicaments, de fatigue, de hauts et de bas, le couple dans son entier vers ce projet unique, parfois en s'oubliant lui-même. Il s'est surinvesti de façon disproportionnée, au détriment de toutes les autres priorités : vacances, amis, sorties. Si bien que, quand l'enfant arrive, apportant avec lui un ouragan d'exigences et de nouveautés, les couples se retrouvent totalement déséquilibrés. Ils éprouvent soudain un grand vide (même s'il n'est pas réel !) et n'arrivent pas à le surmonter. Donc ils se séparent, à cause de tensions parfois préexistantes à la FIV, mais enterrées (voir à ce sujet le livre de Béatrice Koeppel, *La Vie qui revient : dans un service de fécondation* in vitro, éd. Calmann-Lévy, Paris, 2000).

Vivre les hauts, les bas et les échecs éventuels

La FIV ne réussit qu'une fois sur cinq, en moyenne, et les couples le savent bien. Son traitement est donc un mélange constant d'espoir et de lassitude. Le moral est au plus haut quand on commence (ou recommence) un protocole ; puis il est au plus bas face à l'échec. Le couple ressent alors tout à la fois : lassitude, découragement, sentiment d'injustice, solitude et incompréhension. Et puis, tranquillement, grâce à l'encouragement d'un proche, aux forums Internet, à ses lectures, ou à des statistiques qu'on trouve soudain encourageantes, l'espoir renaît. Même si l'échec est une immense déception, on ne peut s'empêcher de penser qu'il est dommage d'avoir fait tout cela pour rien. Alors on se motive souvent pour un autre protocole.

Le désespoir d'un cœur meurtri

« Au bout de ces douze jours, le verdict tombe, sans appel : test négatif. Le néant. L'anéantissement. Comment ? Pourquoi ? Pourquoi moi ? C'est injuste. Je n'en peux plus. Je suis à bout. Le désespoir renaît de ses cendres : je veux laisser tomber. Mais j'ai tellement donné. Toutes ces piqûres. Tout ce temps. Mon cœur est meurtri. Mon âme aussi. Tout cela pour rien ? C'est impossible ! Tout ce temps, toute cette souffrance physique, sans récompense ? Sans bébé ? Une année perdue, deux années perdues... Pour rien ? Vous avez cru en quelque chose, vous vous êtes investie à mort, et il faudrait tout arrêter ? Le médecin vous invite à recommencer : "Il faut y croire... rien n'empêche que... dans votre cas, c'est inexplicable... peut-être la prochaine fois..." Le gynécologue devient une sorte de gourou qui vous aide à penser ou à ne plus penser. »

(Extrait du livre de Brigitte-Fanny Cohen,
Un bébé mais pas à tout prix.)

Quand le bébé arrive finalement, tout cela est bien vite oublié. Sinon, il faut se reconstruire. Le couple en veut souvent à son équipe médicale, à laquelle il reproche le manque de disponibilité, le manque de communication, même le manque de compétence. Pourtant, tous les médecins en exercice ont suivi un cursus hautement spécialisé et fait l'objet d'un «agrément» sévère. En fait, la rancune exprimée est souvent proportionnelle au désespoir vécu. Car si la FIV avait marché, les mêmes fêteraient à travers les couloirs et béniraient leurs médecins.

Or, ce moral vacillant constitue une douleur insidieuse. Certes, pendant la période d'infertilité, chaque arrivée des règles était déjà vécue comme un drame et une dégringolade. Mais quand la FIV échoue, ce qui est encore plus difficile, c'est qu'il y a quand même eu fécondation. Donc début de grossesse symbolique, même si l'embryon ne tient pas...

Un échec difficile à vivre

«Deux magnifiques amas de cellules qui auraient pu devenir les plus adorables bébés du monde. Où sont-ils passés? Pourquoi ne se sont-ils pas développés? Avoir des embryons dans son ventre, c'est symboliquement être enceinte : la fécondation a eu lieu. En éprouvette, certes, mais elle a eu lieu. Les embryons ont alors deux ou trois jours d'existence. Difficile de ne pas se projeter, de ne pas les projeter dans l'avenir. C'est pourquoi l'échec d'une FIV est psychologiquement plus difficile à encaisser que celui d'une insémination.»

(Extrait du livre de Brigitte-Fanny Cohen,
Un bébé mais pas à tout prix.)

Affronter le regard et les commentaires de votre entourage

L'entourage était déjà un miroir douloureux, notamment lorsqu'il était rempli d'enfants, mais là il pourrait devenir un juge. En effet, la FIV et les autres traitements de fertilité ont leur lot de détracteurs, et vous affronterez inévitablement certains reproches ou sous-entendus. Du style : «Pourquoi ne pas adopter, dans ce monde où des millions d'enfants sont orphelins ? N'avez-vous pas peur des effets ? N'est-ce pas un peu de l'acharnement ? Ou une médecine de confort ? » Et, alors qu'au début vos parents répétaient leur hâte de devenir grands-parents ; que vos amis lançaient régulièrement «Alors, cet enfant ? » ; il faudra peut-être affronter maintenant leur silence gêné, voire leur incompréhension totale devant votre démarche. Même si, heureusement, il y aura toujours des parents et des amis qui vous soutiendront de bon cœur.

Le droit au bonheur

«Beaucoup de gens nous disent de ne pas trop y penser, de ne pas désespérer. "Cela viendra bien un jour, vous avez le temps, vous êtes jeunes." J'ai 25 ans et mon mari en a 31, mais pour nous, l'âge n'est pas notre problème. L'envie d'avoir un bébé, de fonder une famille est notre vœu le plus cher. Quand deux êtres s'aiment, ils ont le droit au bonheur comme tout le monde.»

(Sandrine et Mickaël, 25 ans et 31 ans, Cholet, Maine-et-Loire, France. Actuellement en cours de FIV.)

LES SECRETS D'UNE ÉPREUVE EN DOUCEUR

Cultivez l'amour

Savez-vous que selon l'Organisation mondiale de la santé, il y a près de 100 millions de relations sexuelles chaque jour à travers le monde, pour moins d'un million de conceptions ? Parce que l'amour n'est pas destiné qu'à la procréation ! Ainsi, même pendant un traitement de FIV, continuez à faire la fête et l'amour. Cela a des effets bénéfiques sur le moral comme sur le corps, l'un ayant des conséquences sur l'autre. Programmez une fin de semaine en amoureux remplie de vos activités favorites, comme la plage, la randonnée, le sport, ou simplement un bon restaurant. Parfois, en vous faisant toucher du doigt ces plaisirs de la vie, un tel week-end réveillera un érotisme endormi.

Car on l'a vu, trop de couples se punissent inconsciemment de leur infertilité en se privant de ces principaux plaisirs. Pourtant, ils ont plus que jamais besoin de tendresse et de preuves d'amour. Il ne faut donc tout simplement pas laisser les traitements interférer avec la vie sexuelle, la tendresse, l'érotisme. C'est plus facile à dire qu'à faire, direz-vous, mais déjà si l'on en est conscient, c'est un grand pas de fait vers la protection de cette relation.

Même juste après un transfert embryonnaire, seule la douleur des ovaires peut poser des limites mais rien, théoriquement, n'est contre-indiqué. Pensez aussi que, même après des années d'échecs, il est encore possible qu'une grossesse survienne spontanément. Et si vous n'avez pas envie de faire l'amour, travaillez à combler votre besoin de tendresse, de complicité et de communication.

Lâchez prise

Pour une fois, cessez de vouloir tout contrôler. Vous êtes désormais soumis à toute une série de rencontres et à un calendrier serré, alors laissez-vous porter par l'équipe médicale qui a toute l'expérience nécessaire pour réussir votre traitement. Contentez-vous de positiver : la FIV n'est peut-être pas un traitement parfait, mais elle reste une chance que de nombreux couples n'avaient pas auparavant. Et faites la paix avec vos sentiments intérieurs, même s'ils ne vous plaisent pas. Vous êtes jalouse de vos amies et de leur bébé ? Acceptez ce sentiment tel quel : oui, vous êtes jalouse, et c'est bien normal ! Mais répétez-vous que cette amie n'est pour rien dans votre infertilité ; que la venue de ce petit bébé ne signifie pas que vous n'en aurez pas un jour ; et que c'est d'ailleurs une personne extraordinaire, qui le mérite sans aucun doute. Ensuite, si certains événements vous font particulièrement mal, comme les *baby showers*, les anniversaires ou les baptêmes, n'y allez pas ! L'infertilité est une expérience assez difficile comme cela pour vous rajouter en plus des circonstances douloureuses auxquelles vous vous savez très sensible. Essayez simplement de vous réconforter en pensant à tous les autres couples qui, comme vous, sont infertiles. Car s'il y a beaucoup de femmes enceintes et de bébés autour de vous, en fait, un couple sur six vit les mêmes difficultés que vous à concevoir. Répétez-le-vous autant de fois qu'il le faut, même si cela n'apaise pas toute votre tristesse.

Communiquez

D'abord, parlez-vous de votre infertilité librement, sans gêne ? Au moins avec votre conjoint, il le faut. Car ces traitements entraînent souvent une réflexion qui dépasse la question des enfants, pour vous obliger à vous recentrer sur ce qui unit vraiment votre couple. Et si vous en êtes conscients, il sera source de rapprochement et de prises de conscience essentielles. Dites-lui vos angoisses, vos désirs, vos doutes et vos attentes. Dialoguez sur tout ce qui vous attend, sur le présent et sur l'avenir. La FIV est souvent une unique occasion de faire le point.

Ensemble, mettez des mots sur vos angoisses, vos peurs et sentiments. Cela vous permettra bien sûr de savoir ce que l'autre ressent, mais aussi de mieux affronter ensuite les questions de votre entourage qui, on l'a vu, est un miroir douloureux. En tant que femme, osez aussi vous demander : pourquoi le fait de ne pas avoir d'enfant m'angoisse-t-il tant ? Pourquoi ne puis-je pas vivre sans enfant ? Pourquoi la seule vue d'une femme enceinte me fait-il si mal ? Et pourquoi ai-je autant confiance en ces traitements ? En répondant à cela, vous ferez le point sur vos vrais sentiments, tout en apprenant à vous « blinder » face aux futures questions.

Également, êtes-vous sur la même longueur d'onde que votre conjoint ? Pas forcément. Peut-être ne veut-il pas entendre parler de fécondation *in vitro*, ou peut-être le veut-il et pas vous ? Peut-être accepterait-il facilement un don d'ovule, mais pas vous ? Et vous un don de sperme, mais pas lui ? Discutez-en, tout en acceptant qu'il puisse vivre l'infertilité différemment de vous. La femme, souvent, vit si intensivement ce manque d'enfant que le traitement prend une allure de stratégie guerrière, devenant presque une question de vie ou de mort ! Et de fait, elle reste parfois bouche bée devant la bonne humeur enfantine de son conjoint qui continue à faire la fête, qui siffle un air de musique sous la douche, qui continue tout bonnement son « train-train » quotidien alors qu'il traverse, tout comme elle, une des pires épreuves de la vie d'un couple. Et pourtant, il faut se dire que c'est normal et bien ainsi. Cela ne veut pas dire que votre partenaire ne veut pas ce bébé autant que vous. Il n'a simplement pas la même propension à se laisser envahir par cet enjeu. Il le gère autrement pour peut-être justement, inconsciemment, avoir plus de force pour vous soutenir dans les moments de détresse.

D'ailleurs, l'homme entreprendra le protocole de FIV très différemment de sa conjointe : méthodiquement et pas à pas. Et même s'il éprouve tout autant une souffrance émotionnelle qu'elle, il s'occupera sûrement davantage des aspects «matériels» : finances, assurances, congés de travail, etc. N'est-ce pas tout à son avantage?

Ainsi, partez du principe que vos différences d'opinions et d'attitudes sont légitimes. Si vous n'êtes pas d'accord sur le traitement, parlez-en autant de fois qu'il le faut. Pas en une seule et longue discussion houleuse; mais réservez plutôt un quart d'heure par jour, ou tous les deux jours, pour en parler. Il y a des chances pour que cela aboutisse sur un «plan» commun.

Si cela n'aboutit pas, pourquoi ne pas recourir à un conseiller conjugal, ou à un thérapeute de couple, spécialisé dans les questions d'infertilité? Cela vous paraît exagéré? Dites-vous alors que l'infertilité peut venir à bout des couples les plus solides; et que ce serait franchement dommage d'y laisser votre couple, à cause d'arguments mal pesés.

Enfin, après avoir bien communiqué entre vous, il faudra annoncer ce projet aux autres. Ou à certains autres. Dans la grande majorité des cas, la femme a plus besoin de se confier que l'homme. Mais en fait, il y a un juste milieu à trouver : il faut parler un peu, pour ne pas s'isoler, mais pas trop, pour ne pas se fragiliser. Donc, choisissez bien vos interlocuteurs et confidents sur le sujet, et à deux. Ces confidents n'auront peut-être pas tous le même «rôle». Avec certains, vous savez que vous ne serez jamais jugés et qu'ils vous écouteront sans questions. Avec d'autres, vous entamerez peut-être une véritable réflexion sur vos traitements, votre motivation, les options qui s'ouvrent à vous. Vous irez chercher leur jugement; vous aurez besoin d'être confrontés. Et, avec les derniers, vous en discuterez très superficiellement tout en profitant de leur joie de vivre, de leurs sorties et de leur «détachement», justement. À vous d'attribuer ces rôles.

Leur complicité est tellement importante que la majorité des couples insistent soit sur leur grande chance d'avoir été soutenus par leurs proches, soit au contraire sur leur douleur d'avoir été isolés, incompris. Simplement parce que communiquer fait du bien, même si l'entourage n'a pas tous les outils pour comprendre ce que vous vivez. Et si vous avez besoin d'un entourage mieux informé, il est toujours possible de discuter avec des couples qui vivent exactement la même expérience, sur les forums Internet ou au sein d'associations.

Laissez-vous aider

Dans certaines cliniques de fertilité, il n'y a pas de psychologue. Parfois, au contraire, sa consultation est obligatoire. Mais la plupart du temps, le psychologue est tout simplement disponible, pour tous les couples qui ont besoin de lui. Pourquoi un psy en clinique de fertilité ?

D'abord, parce que, si le couple est bien dans sa tête, il sera mieux dans son corps, mieux pour aborder le traitement, et cela va multiplier ses chances de réussite. En discutant avec le psychologue, il pourra évoquer ses doutes, ses souffrances comme ses espoirs, ses craintes, son vécu par rapport à l'entourage, la famille, etc.

Ensuite, parce que les équipes médicales n'ont pas toujours le temps de rassurer totalement le couple sur ses questions et ses doutes. Elles leur fourniront le maximum d'informations techniques, médicales, pratiques, mais n'auront pas toujours l'écoute nécessaire et demandée par le couple.

Enfin, parce que tous les couples qui entament un traitement contre l'infertilité et attendent longtemps leur enfant vivent une période de stress, de remise en question de tout, voire de dépression. De nombreuses femmes en échec ont en effet un terrible sentiment de culpabilité, qui les font s'interroger sur leur « compétence », leur « mérite » à devenir mère. Si c'est parce que, lors du traitement, l'embryon ne s'est pas implanté, ce sentiment est pire. Elles s'interrogent : « Pourquoi n'ai-je pas su retenir ce bébé ? Est-ce que je le refoule inconsciemment ? Est-ce que mon corps veut vraiment de cet enfant ? Et est-ce que je veux vraiment un enfant de cet homme-là ? » Toutes ces questions peuvent traverser l'esprit de la conjointe et elle doit absolument en parler à quelqu'un d'extérieur, familier de ces parcours difficiles, qui saura la rassurer sur ses angoisses.

Bien sûr, il suffit parfois de discuter longuement avec une infirmière d'un centre de FIV pour « débloquer » une angoisse. D'autres soutiennent que, discuter sur des forums Internet, avec des couples qui ont vécu la même chose peut grandement aider. Mais, au bout du compte, le psychologue reste le mieux placé.

En fait, il faut simplement accepter l'idée que consulter un psychologue n'est pas une preuve de faiblesse, mais d'ouverture d'esprit. Avec lui, on accepte de faire le point sur ce qui ne va pas bien, sur nos pensées sombres, nos espoirs déçus, plutôt que de les garder pour soi et de les laisser gâcher notre attente, et souvent notre relation de couple.

En retour, le psychologue ne jugera pas mais écoutera, et au besoin, lancera des pistes de réflexion (ce qui est rarement le cas sur les forums Internet, où les conseils partent souvent dans tous les sens, quand il ne s'agit pas de jugements à la va-vite). Ses conseils ne seront pas stéréotypés, mais personnalisés : par exemple, il n'aura pas du tout le même discours si vous avez appris votre infertilité en arrivant à la clinique ou si vous le savez déjà depuis trois ans. Puis il utilisera les bons mots, sans vous blesser ni vous juger ; sans vous lancer des « c'est un deuil à faire », des « profite de ta liberté ! », ou des « tout le monde t'aime », comme vos amis mal informés. Au contraire, il refera avec vous le cheminement de votre décision de recourir à la FIV, de votre motivation, des implications de cette décision ; puis il vous aidera à affronter votre peur de l'échec, même à vivre « avec » votre peur de l'échec.

En effet, selon Danièle Tremblay, psychologue auprès de la Clinique Ovo à Montréal, il ne faut pas essayer de dominer son inquiétude. « On ne contrôle pas ses émotions, contrairement à ses comportements. La pensée est plus libre. Et c'est souvent le déni du stress qui va être le pire, le plus agitant. En fait, il faut valider et travailler avec cette souffrance. C'est une détresse par rapport à l'identité de la femme, une peur de l'avenir, et cela nécessite un soutien, sans quoi il peut y avoir un risque de dépression clinique. La rencontre psychologique est donc un filet de protection, que tous les couples doivent avoir à portée de main. Bien sûr, quand on propose cette rencontre, certains couples se sentent très menacés. Ils ont l'impression qu'ils vont être évalués, et cela peut être frustrant. Mais quand on termine l'entrevue, ils sont souvent très satisfaits d'être allés plus loin que leurs préoccupations. »

Quelles sont précisément les angoisses de ces couples ? Y en a-t-il qui reviennent fréquemment ? « Pour l'homme, il y a la peur de l'abandon : que sa femme aille vers un autre homme. Pour la femme, la peur également d'être abandonnée, et surtout la peur de ne jamais se réaliser en tant que mère, précise Danièle Tremblay. C'est une grande blessure sociale, par rapport aux amis, mais surtout une grande angoisse, celle de passer de la fertilité biologique à la fertilité symbolique : qui est la capacité de créer, dans toutes sortes de dimensions. Le plus souvent, on n'y est pas préparé. »

Dans certaines cliniques, la rencontre avec le psychologue est directement proposée et incluse financièrement dans le protocole. Mais tout le monde n'en profite pas. Par contre, dès qu'il y a une conception qui fait appel à un tiers, cette rencontre est très souvent obligatoire. Que ce soit pour les couples hétérosexuels, les couples homosexuels, ou les femmes seules qui désirent avoir des enfants, et qui font appel à un don d'ovule ou de sperme. Pourquoi ? Car tout comme les médecins sont obligés de parler de la conséquence d'une médication, il est important de dire au couple les implications psychologiques d'un don de sperme ou d'ovule. Tant au niveau du «parentage» et de l'éducation, qu'au niveau de la relation avec l'enfant et de son développement. C'est d'ailleurs une rencontre de conseil mais aussi d'évaluation : si le psychologue se rend compte que le couple, à ce stade-ci, n'est pas apte à avoir un enfant avec une conception qui fait appel à un tiers, il peut faire connaître aux médecins ses réserves et demander d'annuler (ou de repousser) le traitement.

« Un psy, c'est quelqu'un qui ne juge pas »

«C'est mon mari qui, un jour, alors qu'il m'accompagnait pour la énième fois chez le gynécologue, lui a dit que je "pétais les plombs" (ce qui, à la réflexion, après huit ans de traitement, était vrai). Après tant d'échecs, je n'en pouvais plus, mais je n'étais plus en état de m'en apercevoir tellement j'étais focalisée sur l'unique but qui régissait ma vie : faire un bébé. Mon gynéco m'a donc dit : "Ok, je ne crois pas à l'effet psychologie, mais il faut faire quelque chose, donc allez chez une psychologue." J'y suis allée à reculons, trois fois en tout (pas beaucoup, finalement), mais avec l'idée de faire un traitement au long cours : deux séances par semaine. La première fois, j'ai parlé. La deuxième fois, j'ai plutôt écouté. En clair, elle me disait qu'il fallait que je me laisse faire par la vie, que je dirige moins les choses, que je fasse une place à ce bébé, que je change (bref, un discours que je n'étais même pas capable d'entendre).

Je suis donc rentrée chez moi, et j'ai expliqué tout ça à mon mari. En fait, je me suis "rebellée", en accord avec lui d'ailleurs : je suis comme je suis, et si j'essaye de tout maîtriser, c'est comme ça, je ne changerai pas fondamentalement. Ensuite, je suis retournée chez la psy en lui répétant globalement tout cela. À ma grande surprise, elle m'a répondu que je n'avais pas besoin de traitement au long cours, mais elle m'a conseillé de revenir la voir si ça n'allait pas.

Puis, alors que j'étais à l'origine contre l'action de cette dame, j'ai finalement écouté et appliqué ce qu'elle m'a dit (partiellement inconsciemment) : j'ai changé de boulot (quelque chose de plus stable), changé d'appartement, un peu changé de vie (plus calme), je me suis laissée un peu plus faire par les médecins, sans forcément avoir une explication pour tout…

Finalement, au niveau de notre couple, ces consultations n'ont pas apporté de bénéfices. Nous sommes un couple stable, très communicateur, certainement renforcé par ces années de galère, avec des hauts et des bas, des coups de gueule nombreux, mais avec la volonté d'y arriver. Le bénéfice que j'ai retiré d'un soutien psychologique, c'est le contact avec quelqu'un d'extérieur, qui ne jugeait pas, qui n'était pas partie prenante, qui a "verbalisé" des malaises difficilement exprimables, bref, qui a mis des mots sur ce qui à l'époque, était mon drame, sans larmes. »

(Claire, 37 ans, maman de quatre enfants par FIV, France.)

Recourir à un tiers donneur : êtes-vous prêt ?

«Avant de recourir à un don de sperme, plusieurs deuils doivent être faits», explique la psychologue Danièle Tremblay. Il y a d'abord un deuil évident du côté de l'homme, qui abandonne la «part génétique» de sa paternité, mais il y en a un aussi à faire du côté de la femme : celui de ne pas porter l'enfant de l'homme qu'elle aime. «C'est quelque chose de très dur à vivre, que l'on sous-estime souvent, poursuit-elle. Il ne faut pas oublier que la majorité des couples en clinique de fertilité sont des couples qui s'aiment, et que ces femmes ne pourront jamais se projeter, en disant, tout simplement, "j'aimerais qu'il ait tes yeux, tes jambes… ", comme le font les autres couples. »

Il faut ensuite faire le deuil de la conception romantique. «La FIV avec tiers donneur, c'est une conception qui se fait vraiment en dehors du coït, une conception de laboratoire. Cela n'a rien de romantique, et c'est parfois long à accepter. »

Enfin, il faut affronter ses angoisses. De nombreuses femmes ont très peur, consciemment ou inconsciemment, que le père n'accepte jamais l'enfant. Elles le portent pendant neuf mois en se posant cette question : «Va-t-il l'accepter ou le fuir ? » Même chose du côté du père : il peut se demander si la mère ne va pas monopoliser cet enfant, en se disant qu'il n'est que «l'enfant de sa mère ».

En réalité, «ces situations nécessitent une profonde générosité de cœur, explique Danièle Tremblay. En acceptant l'insémination, l'homme offre à sa femme la possibilité de vivre une grossesse et de se donner un enfant, mais de son côté la mère doit faire la même chose : la promesse de donner au père l'accès à l'enfant. » Or, tout le monde n'a pas la force de passer à travers cela et la rencontre psychologique leur en donnera justement les outils. « Certains auront besoin de faire le deuil de la famille, de la FIV, voire même de l'adoption. Notre travail, en tant que psychologue, sera de leur donner des indices. D'autres viendront à plusieurs rencontres pour réfléchir et prendre une décision. D'autres encore arrivent très sûrs de leur décision, mais repartent plus indécis que jamais, car la rencontre leur a fait entrevoir des enjeux qu'ils n'avaient même pas soupçonnés. D'autres, enfin, ne sont pas sûrs d'eux au départ mais feront au final de très bons parents, car ils sont sensibles et seront totalement rassurés par la rencontre. Finalement, certains sont dans le déni, d'autres dans la dramatisation. Le but étant de faire revenir chacun à un niveau de conscience un peu plus normal ! Et c'est pour toutes ces raisons que, très souvent, c'est une rencontre obligatoire. »

Savoir dire « Stop ! »

Quand s'arrêter ? Comment éviter l'acharnement, tout en tentant le maximum ? Bien sûr, il faut donner plusieurs chances à une FIV pour qu'elle réussisse, tout comme on donne de multiples chances à une grossesse naturelle. D'abord, parce que deux ou trois essais sont forcément plus prometteurs qu'un seul ! Ensuite, parce qu'il faut comprendre que chaque échec donne aux médecins l'opportunité de comprendre les raisons de l'échec, et donc de personnaliser encore plus le traitement.

Ils analyseront en détail le cycle et toutes les raisons possibles de l'échec : le type de protocole choisi (long ou court), les dosages hormonaux, le type de médicaments pour la stimulation de l'ovulation, etc. Puis tout pourra être réévalué. Il faut donc s'efforcer de considérer le traitement de l'infertilité comme un processus entier, non comme une évidence ou un « coup de chance ».

Mais à partir de là, comment savoir où s'arrêter, notamment dans des pays comme le Canada qui ne fixent pas de limites précises à une multiplication des FIV ?

Pour répondre à cela, le Français René Frydman se sert de la notion de « contrat médical », et suggère de fixer la prise en charge médicale dans le temps. « Il s'agit d'un véritable contrat de confiance dans un laps de temps déterminé. Le but est d'éviter d'en faire trop ou pas assez. Se fixer une date butoir permet de rassembler ses énergies en un plus court laps de temps, où tous les efforts seront faits de la part des médecins comme du couple pour que cela réussisse. Mais si, après un certain nombre de bons et loyaux essais, l'échec persiste, il faut envisager d'autres solutions comme l'adoption, ou faire l'effort de s'assumer comme un couple sans enfant et reporter son énergie vitale sur d'autres projets de l'existence. L'équilibre des couples dans cette prise en charge est à préserver. Il faut savoir mettre un terme au recours médical comme il faut savoir le proposer à bon escient. […]. Le couple doit être accompagné dans son cheminement, aussi bien dans son entrée dans le système d'AMP [assistance médicale à la procréation] qu'au moment de sa sortie, qu'il y ait eu succès ou échecs. »

Mais que l'on se rassure. D'après tous les témoignages, si la décision d'arrêter est très dure sur le coup, elle se révèle souvent, à la grande surprise des couples eux-mêmes, un grand soulagement. Plus souvent qu'autrement, arrêter un parcours de FIV est un processus actif, et non passif. La psychologue Danièle Tremblay peut en témoigner : « Du point de vue psychologique, quand un deuil est fait, on assiste à la renaissance d'un individu et à la créativité. L'intégrité, la productivité et l'amour demeurent et se développent. Et je peux vous assurer que les femmes et les hommes qui sortent des cliniques sans bébé, ou ceux et celles qui se retirent devant ces technologies, ne sont pas sans avenir. »

Car se retirer, ce n'est pas juste se contenter de ne pas remplir la feuille de réinscription pour un nouveau cycle. Ce n'est pas juste annuler un rendez-vous avec l'équipe médicale. C'est une décision qui est souvent prise à la fin d'une grande et belle discussion avec son partenaire. Ensemble, vous vous assiérez et déciderez de la prochaine étape. Parfois la volonté de tenter un dernier traitement refera surface, plus forte que tout. Sinon, ce sera d'explorer un nouveau style de vie et d'autres options pour construire sa famille. Cette étape durera peut-être deux mois, peut-être un an. Votre âge, votre santé physique et mentale, et vos finances vous aideront à décider. Mais dans tous les cas, cette pause aura été bénéfique.

Y a-t-il des indices implacables laissant penser qu'il est VRAIMENT temps d'arrêter le traitement ? Voyez si une ou plusieurs de ces situations correspond à ce que vous vivez. Toutes, en elles-mêmes, justifient l'arrêt d'un traitement. Elles vous aideront peut-être à prendre votre décision.

- L'un de vous est devenu bien plus pessimiste qu'optimiste quant à l'issue du traitement.

- L'un de vous redoute ou se sent continuellement contrarié à l'idée de poursuivre le traitement.

- Une de vos ressources (temps, argent, capacité physique, réserve énergétique et émotionnelle) a atteint un niveau critique qui affecte la relation avec votre partenaire.

- Vos relations avec vos amis et votre famille, ou au travail, se sont détériorées.

- Vous pensez de plus en plus aux autres options, plutôt qu'à votre traitement.

Chapitre 7

S'organiser pour une FIV

Vous décidez de vous lancer dans l'aventure ? C'est que vous êtes probablement prêts mentalement et fortement motivés. Mais, à présent, il faut s'organiser matériellement : trouver la bonne clinique, préparer votre milieu de travail aux nombreux contretemps à venir, mais aussi rassembler une coquette somme d'argent. Et, là encore, il y a quelques trucs à savoir.

TROUVER LA BONNE CLINIQUE

Puisqu'il s'agit de trouver LA personne qui saura réussir votre traitement et vous faire obtenir un bébé, ce n'est pas une mince mission. Donc prenez le temps de «magasiner» votre clinique. Oui, un gynécologue, tout comme un endocrinologue, peuvent faire la différence et faire que vous ayez un bébé ou pas. C'est fou, mais vrai ! Cela signifie donc que vous devrez les sélectionner attentivement selon leur taux de succès, leur localisation, leur prix, leur expertise, la réputation de leur personnel.

Toute cette recherche commencera sûrement par le nom de la clinique que vous aura référée votre gynécologue ou votre médecin de famille. Mais vous ne pourrez pas vous fier uniquement à ses bons conseils. En effet, certains gynécologues sont excellents dans les limites de leur domaine, mais connaissent assez peu le monde des cliniques de fertilité. Écoutez donc tout autant les conseils de vos amis, ceux des femmes rencontrées au hasard, ceux des groupes de discussion sur Internet, des associations d'infertilité (comme l'Association canadienne de sensibilisation à l'infertilité, www.iaac.ca). Si vous êtes connectés à Internet, consultez également le site de la Société canadienne de fertilité et d'andrologie, dont sont membres toutes les bonnes cliniques canadiennes (www.cfas.ca). Le site http ://fertilityclinics.ca, commandité par les Laboratoires Organon, recense aussi toutes les cliniques de fertilité du territoire canadien. Ou encore, essayez celui de la Society for Assisted Reproductive Technology (www.sart.org), qui tient un registre nord-américain où figurent pratiquement toutes les cliniques des États-Unis et du Canada. Mais sachez que des données sur chaque clinique, plus précises, pourront être obtenues sur simple demande aux cliniques puisqu'elles font partie du domaine public. Vous pourrez alors comparer tous leurs taux de succès.

- **Comment évaluer la qualité d'une clinique ?**

Tout d'abord, demandez aux cliniques (ou cherchez sur leur site Internet) leur taux de naissances vivantes par âge et par traitement, puis comparez-les à la moyenne nationale. Pour le Canada, vous obtiendrez cette moyenne auprès de l'Association canadienne de sensibilisation à l'infertilité.

Demandez le nombre de cycles traités par année. En Amérique du Nord, les plus grandes cliniques pratiquent plus de 1000 cycles par année ; les « moyennes » plusieurs centaines, et les plus petites, 50 ou moins. Sachant que les plus petites ne sont pas forcément les moins compétentes, et qu'il vaut mieux regarder les taux de succès et le personnel avant tout.

Essayez de savoir le nombre de cycles annulés, en cours de protocole, chaque année. Cela vous donnera une bonne idée de la qualité du suivi et des traitements hormonaux. En effet, les traitements sont annulés en cours de cycle lorsqu'un couple ne « produit » pas assez d'embryons de qualité pour pouvoir procéder au transfert. Mais ce peut être dû, en partie, à la qualité du suivi.

Enfin, allez toujours voir sur place, car les chiffres ne disent pas tout. Comme nous l'avons déjà évoqué, certaines cliniques présenteront des taux de succès à rêver, simplement parce qu'elles n'acceptent que des jeunes couples à haut taux de succès. Tandis que d'autres acceptent, à leur crédit, beaucoup de cas difficiles, et ont donc des taux de succès moins brillants. Mais cela ne veut pas dire que les médecins sont moins compétents. Aussi, plusieurs cliniques proposent des séances régulières d'information aux patients, à l'aide de diapositives ou de vidéos. N'hésitez pas à y aller !

Ensuite, posez toutes ces questions (sur place ou par téléphone) :

- Depuis combien de temps êtes-vous ouverts ? Êtes-vous membre d'une association médicale reconnue ?

- Y a-t-il une liste d'attente ?

- Combien y a-t-il de médecins dans le personnel ? Y a-t-il un des médecins qui travaille aussi dans le domaine public ? Quels sont leurs domaines d'expertise ?

- Quel est votre taux de réussite avec les couples à peu près du même âge, souffrant des mêmes problèmes que nous ? Quel est votre taux de naissances vivantes (et non pas leur taux de fécondation, ou leur taux de grossesses) par rapport au nombre de traitements entrepris ?

- Pratiquez-vous tous les traitements, et notamment… (*le vôtre*) ? Y a-t-il des limites d'âge ? Acceptez-vous les cas difficiles ? Avez-vous un programme de dons de gamètes ?

- Rencontrez-vous les patients individuellement ou en équipe ? Offrez-vous les services d'un psychologue ?

- Quels sont vos prix pour (*tel*) traitement ? Y a-t-il des coûts cachés, et notamment : de médicaments, de tests diagnostics, d'anesthésies, de frais de consultation ?

Notez précieusement toutes leurs réponses et comparez-les. Après vos visites, une clinique sortira forcément du lot. Puis, une fois la clinique trouvée et le docteur rencontré (mais avant la date fixée), assurez-vous d'avoir en main les dates précises de vos dernières menstruations. Elles vous seront demandées par l'infirmière avant le lancement de votre cycle.

Une fois la date proposée, prenez le temps d'y réfléchir 24 heures avec votre conjoint. Il doit être lui aussi totalement disponible, à cette période-là, pour vous accompagner ou sinon, au minimum, vous soutenir quotidiennement, tant moralement que physiquement. Il est donc important que la date lui convienne parfaitement, ainsi qu'à vous. Et réfléchissez à ne rien oublier : un voyage d'affaires, une fête d'anniversaire lointaine et immanquable, etc. !

GÉRER LA DISTANCE ET SON EMPLOI DU TEMPS

Pendant un traitement de FIV, tout sera chamboulé et nécessitera d'être réorganisé : vie professionnelle, vie de couple, vie amicale, même les moyens de transports, lorsque le centre de FIV est éloigné du domicile. Bien sûr, une bonne clinique sera toujours bien équipée pour vous aider dans toutes vos étapes d'organisation : de la prescription de médicaments à la réservation de votre hôtel, s'il y a lieu, en passant par la suggestion de passe-temps dans le secteur, etc. Mais pour le reste, il faudra être inventif. Car pour la femme, le plus grand chamboulement est causé par les injections quotidiennes, nécessitées par la stimulation de son ovulation, ainsi que les contrôles réguliers de cette stimulation.

Le traitement lié à la stimulation dure environ trois semaines, au cours desquelles la femme doit donc faire le trajet tous les jours si elle ne fait pas ses injections elle-même. Certains centres de FIV collaborent aussi avec des gynécologues proches du domicile, qui peuvent prendre en charge cette partie du traitement. Mais bien souvent, la clinique proposera au couple d'apprendre à réaliser les injections soi-même. Cela vous fait peur ? C'est sûr, ce n'est pas spécialement excitant ; d'autant que ces produits ressemblent à de l'eau saline ou à de la poudre blanche, qui se mixe, s'injecte, ou alors se sniffe ! Mais dites-vous que des milliers de femmes l'ont fait avant vous, et vous deviendrez vite « pro » en la matière. Un petit conseil : faites toujours vérifier une deuxième fois le dosage par votre partenaire, car quelques erreurs peuvent faire échouer un cycle…

Mais ce n'est pas tout. Les prises de sang et les échographies se déroulent presque toujours le matin, au laboratoire ou à la clinique de fertilité. Elles causeront donc souvent un retard au travail, voire une absence en milieu de matinée. Il faudra donc s'organiser.

Autant dire que certaines professionnelles auront, plus que les autres, de la difficulté à s'organiser. Par exemple, celles travaillant au petit matin (dans les marchés, le tri postal, la grande distribution, les compagnies aériennes…). De même, celles ayant beaucoup de déplacements professionnels, plusieurs jours loin de leur domicile. Enfin, celles qui exercent des travaux physiques : travail en usine, professeurs de sport, enseignement, personnel de santé. Car les traitements sont fatigants et provoquent souvent des douleurs plus ou moins fortes au ventre et aux ovaires, voire des nausées.

- **Y a-t-il des solutions ?**

S'organiser longtemps à l'avance et informer les personnes clés, si l'on a choisi de continuer à travailler, reste la meilleure solution. À commencer par la collègue la plus proche vers laquelle la ligne est redirigée en votre absence, ou la secrétaire qui gère tous vos appels. Notez d'ailleurs que c'est souvent en début d'après-midi que les centres appellent leur patiente pour leur indiquer la suite du traitement. Sinon, mettez directement votre patron dans la confidence. Peu de femmes en ont envie et osent le faire, mais plus souvent qu'autrement, il vous écoutera avec bienveillance et comprendra parfaitement votre situation. Peut-être même vous proposera-t-il un travail à mi-temps.

Certains couples choisissent aussi de *prendre une longue période de congés*. C'est pratique, mais cela présente des désavantages. Cela empêche la prise d'autres congés dans l'année, mais surtout, ce ne sont pas des vacances reposantes. Elles seront même plutôt stressantes. Car dites-vous que le travail peut aussi vous aider à « décrocher » de votre traitement. C'est lui qui peut vous fournir les uniques occasions de penser à autre chose, avec certaines autres sorties. La prise de congé est donc peut-être à éviter pour les personnes sensibles et ordinairement très occupées, surtout quand le conjoint ne peut pas les prendre en même temps.

Nombreux sont les couples, également, qui profitent d'un traitement de FIV pour *changer de travail*. Côté liberté, c'est effectivement dur à battre. Le grand inconvénient reste bien sûr la contrainte financière. Pouvez-vous vous le permettre ? Vous seuls pouvez en juger !

Enfin, il vous reste la possibilité de *demander à la clinique de vous fournir des arrêts de travail*. De nombreux centres en fournissent, à votre demande. Car même si aucune étude n'a démontré que le congé entre le transfert d'embryons et le test de grossesse favorisait le résultat positif, cela peut être une nécessité. Notamment pour les femmes qui ont un travail très lourd physiquement, ou avec des horaires très chargés, ou encore un travail très stressant.

LES FINANCES

À en croire de nombreux témoignages, s'organiser pour une FIV, c'est un peu comme… l'achat d'une voiture ! Vous avez beau avoir un prix de départ en tête, il est fort probable que vous reveniez avec ce prix multiplié par deux, compte tenu de toutes les options, aménagements et assurances que l'on vous proposera, que cela soit justifié ou non.

Combien faut-il prévoir ? Un cycle standard de FIV coûte autour de 4 500 $. Mais ceci n'est qu'un prix de base. Il faut après ajouter les options, dont certaines sont indispensables, notamment les médicaments ! Ils coûtent à eux seuls de 3 000 à 5 000 $ et ne sont pas inclus dans le prix de base. Ensuite, vous devrez souvent ajouter :

- le spermogramme : entre 100 et 150 $
- l'anesthésie : environ 750 $
- une ICSI : 1 500 $
- une assistance à l'éclosion (*hatching*) : 500 $
- une congélation d'embryons : 750 $

Sans compter d'autres tests, qui se rajouteront en fonction de votre « profil », et sans compter les « préna-tests » et échographies, si vous êtes enceinte.

Finalement, une FIV pourra coûter autour de 15 000 $, voire plus. Et bien sûr, nous n'avons pas parlé de dons de sperme ou d'ovule ! Par exemple : un don d'ovule dirigé, excluant les médicaments, coûtera environ 8 000 $ au couple receveur. Par contre, si vous vous contentez d'une insémination du sperme de votre conjoint, elle vous coûtera environ 200 $.

Et pourtant, malgré ces prix exorbitants, de très nombreux couples iront de l'avant et arriveront à rassembler cet argent, riches ou pauvres. En effet, comment estimer le bonheur d'avoir un enfant ? D'abord, est-ce quantifiable ? Alors même que l'on n'achète pas l'enfant, mais plutôt la « chance » d'avoir un enfant ! Cela dit, certains y arriveront grâce à une planification financière rigoureuse et une bonne dose d'ingéniosité. Voici quelques conseils.

Tout d'abord, renseignez-vous sur la prise en charge de ces traitements par le ministère de la Santé de votre province. Au Québec, malgré les demandes des associations de couples infertiles, la grande majorité des traitements de fertilité ne sont pas remboursés. Seules la réparation de trompes endommagées par la chlamydia ou la salpingite le sont, car elles se pratiquent en milieu hospitalier.

Par contre, si vous avez encouru des frais pour le traitement de l'infertilité (notamment une FIV) ou même des frais d'adoption, vous pouvez réclamer un crédit d'impôt remboursable au Québec. Ce crédit d'impôt équivaut à 30 % du total des frais admissibles, que vous ou votre conjoint aurez payés dans le but de devenir parents. Le montant maximal de ces frais est de 20 000 $ par année, pour un crédit annuel maximal de 6 000 $.

Ensuite, enquêtez sur la couverture de votre assurance pour voir ce qu'elle peut rembourser du traitement. Cela varie beaucoup d'une assurance privée à l'autre. Par exemple, si vous êtes travailleur autonome ou individuel, peu ou aucune assurance ne vous rembourseront. Par contre, si vous appartenez à une entreprise, vous avez certaines chances : les assurances privées remboursent parfois les médicaments en partie ou en totalité alors que la FIV, elle, n'est pas couverte.

Mais, dans tous les cas, demandez une copie du contrat aux ressources humaines, pour votre information. Votre employeur ne peut pas vous la refuser. Puis **examinez attentivement le contrat**, notamment, la section des traitements et situations exclus de votre plan. Puis **confirmez tout cela par téléphone auprès de votre compagnie d'assurance. Renseignez-vous de la même manière auprès de l'assurance de votre conjoint**, si vous n'avez pas la même. Car si elle est plus généreuse que la vôtre, vous pourrez peut-être vous faire couvrir par la sienne.

Enfin, pour éviter toute erreur possible, **envoyez à votre assurance une requête formelle détaillant toutes les composantes de votre traitement,** en lui demandant de vérifier, pour chacune, si elle ne propose pas de prise en charge. Faites-vous aider par le service administratif de votre clinique de fertilité, qui pourra vous fournir cette liste ainsi que les tarifs en annexe (que vous n'enverrez pas tout de suite). Ainsi, vous serez assurés de ne pas passer à côté de petits bénéfices remboursables, tels que les examens sanguins, le diagnostic, les médicaments…

Chapitre 8

Les solutions alternatives et naturelles

Que vous soyez décidés ou non à vous lancer dans les traitements «médicalisés» de l'infertilité, vous vous demandez certainement ce que vous pouvez faire en attendant, parallèlement, ou même à la place de ces traitements. L'infertilité peut-elle se soigner naturellement, ou du moins évoluer positivement en dehors des traitements médicaux conventionnels? De nombreuses recherches le prouvent. L'alimentation, le sport, le bien-être, les médecines douces : tout cela aurait des effets positifs sur la fertilité. *A contrario,* il est prouvé que le stress peut être néfaste, de même que certains blocages psychologiques, lorsqu'ils bouleversent profondément notre identité de futurs parents. Un soutien psychologique pourra alors s'avérer fort utile. Bien sûr, tous les médecins ne prendront pas le temps de vous expliquer tout cela. D'autant que nombre d'entre eux n'y croient pas. Mais les bienfaits de ces différentes ressources contre l'infertilité n'en sont pas moins impressionnants.

BOOSTER SA FERTILITÉ
GRÂCE À L'ALIMENTATION ET AU SPORT

Il est important, parallèlement ou avant d'entamer un traitement de l'infertilité, de se refaire une santé. Tout simplement grâce au sport et à l'alimentation. L'alimentation apporte tous les nutriments essentiels à la fertilité ; tandis que l'exercice physique permet d'évacuer le stress qui perturbe la fertilité. Pour mener à bien cette « cure de santé » intensive, prenez au moins trois mois. Pour l'homme, ce sera d'ailleurs la période nécessaire pour améliorer la qualité et la quantité de ses spermatozoïdes, puisque le sperme se fabrique et mature en une centaine de jours.

L'alimentation

Alimentation et fertilité, est-ce que ça marche vraiment de pair ? C'est une certitude. Tout simplement parce que les aliments et les nutriments que l'on absorbe influent sur l'équilibre hormonal. Zita West, nutritionniste et acupunctrice, spécialiste de la fertilité, l'évoque clairement dans son ouvrage *Fertilité et Conception*. « Si vous manquez d'acides gras, de vitamines A et B6, de zinc, de magnésium et d'antioxydants, la production d'hormones peut être bloquée, entraînant alors un déséquilibre qui rend une fécondation improbable. »

On a vu, également, que le surpoids et la maigreur avaient une influence sur la fertilité, en agissant directement sur la production d'hormones. Donc, si vous êtes trop maigre, vous devrez prendre du poids, et si vous êtes en surpoids, il faudra en perdre. Cela pourrait bien suffire à améliorer votre fertilité, affirme une étude de 1995[20].

Mais avant tout, il faut bannir la mauvaise alimentation. Tout comme vous ne mettriez jamais de mauvais carburant

---

20. A. M. Clark et coll., « Weight loss results in significant improvement in pregnancy and ovulatory rates in anovulatory obese women », *Human Reproduction*, 1995.

dans votre voiture, la mauvaise nourriture est un carburant de qualité inférieure pour votre corps. «Pauvre en nutriments, la mauvaise alimentation contient des conservateurs et des polluants qui obligent le corps à dépenser beaucoup d'énergie pour se désintoxiquer. Ce stress additionnel pour le foie détourne l'énergie des fonctions du corps non vitales, comme la fertilité, vers celles requises dans le processus de désintoxication», poursuit Zita West. Pourquoi? Parce qu'une fois que les hormones ont accompli leur tâche, elles sont transportées par le sang vers le foie, puis traversent le tube digestif pour être éliminées. Or si l'on consomme trop peu de fibres, le foie est surmené par la mauvaise alimentation et ne peut pas accomplir cette tâche correctement.

S'agissant des fibres, une étude italienne, publiée en juillet 2004 dans la très sérieuse revue *Human Reproduction,* a par exemple confirmé le rôle des fruits et légumes dans la prévention de l'endométriose, maladie qui frappe de 5 à 15 % des femmes en âge de procréer. «Une plus grande consommation de légumes verts et de fruits frais réduit le risque d'endométriose; tandis que la consommation de viande rouge et de jambon peut augmenter le risque», affirment les huit signataires de l'article. Les chercheurs italiens ont constaté que le risque de développer la maladie était deux fois plus élevé chez les femmes qui mangeaient le plus de viande rouge (au moins sept portions par semaine), et 80 % plus important chez celles qui consommaient le plus de jambon (au moins trois portions). Celles qui mangeaient le plus de légumes verts (au moins 13 portions) et le plus de fruits frais (au moins 14 portions) ont réduit leur risque respectivement de 70 et 40 %. Pour arriver à cette conclusion, ils ont interrogé, entre 1984 et 1999, 1 008 femmes sur leurs habitudes alimentaires, la moitié avait reçu un diagnostic d'endométriose et l'autre moitié ne présentait pas ce problème.

- **Comment désintoxiquer son organisme ?**

En adoptant de saines habitudes alimentaires, et, en particulier, en réduisant tout ce qui intoxique ou fatigue le corps : alcool et boissons caféinées, excès de blé et de produits laitiers, viande rouge, charcuterie, aliments industriels très salés ou sucrés (gâteaux, croustilles), aliments transformés et repas préemballés. Favorisez les fibres (fruits, légumes, céréales à grain entier comme l'orge, le seigle, l'avoine, le riz), les jus de fruits, l'eau et les infusions, les viandes et les poissons blancs, les œufs, les noix et les graines (amandes, noix, et graines de tournesol, sésame, lin, courges), les fruits secs (dattes, figues, abricots, raisins), le yaourt et les pommes de terre. Tout cela, si possible, en optant pour des produits biologiques, débarrassés des pesticides de synthèses utilisés par l'agriculture intensive. Ensuite, remplacez régulièrement la viande par des protéines végétales, constituées par le mélange céréale-légumineuse (riz + lentilles, blé + pois chiches ou haricot rouge, etc.), plus facile à digérer que la viande. Enfin, pour les légumes et même la viande, préférez la cuisson vapeur ou sautée à l'huile d'olive plutôt que les légumes bouillis ou la cuisson au beurre. En effet, la cuisson vapeur ou sautée conserve tous les nutriments (vitamines, minéraux) importants des aliments.

- **Faut-il prendre des compléments nutritionnels ?**

Il est évident que certains nutriments sont particulièrement importants pour la fertilité. Par exemple, du côté de la femme :

- la vitamine A, en protégeant les cellules, est importante pour l'embryon et son développement ;
- les vitamines B (surtout B1, B5, B6, B9, B12) sont vitales pour la production des hormones sexuelles et leur équilibre ;

- le bêta-carotène aiderait à réguler le cycle et l'ovulation.

Tandis que du côté de l'homme, les antioxydants tels que la vitamine C et E, mais aussi des minéraux tels que le zinc et le sélénium, amélioreraient la qualité du sperme.

Tous ces éléments se retrouvent très facilement, et en quantité, dans une alimentation équilibrée. Mais si vous n'êtes pas sûrs de tous les trouver dans votre assiette, il peut donc être utile de recourir aux compléments nutritionnels. De nombreuses études démontrent en effet, chez la majorité des personnes, des carences en vitamines B2, B6 et C, en cuivre, magnésium, fer, iode, zinc, sélénium, folate ! Ce à quoi les compléments nutritionnels peuvent, temporairement au moins, remédier. Ainsi, une étude menée par l'université de Leeds montre que les femmes peuvent produire de meilleurs ovules, et accroître leur fertilité, en absorbant une dose quotidienne de multivitamines et de minéraux. L'étude portait sur 215 femmes en cours de fécondation *in vitro* et a montré que cela augmentait leurs chances d'être enceinte de 40 %.

Le seul problème est qu'il est difficile d'auto-évaluer ses carences nutritionnelles, donc de s'automédicamenter. Surtout quand on sait que l'excès d'un nutriment peut faire chuter les effets d'un autre bon nutriment. Par exemple, la vitamine A est excellente en doses quotidiennes de 5 000 IU, mais ne doit jamais excéder une dose quotidienne de 10 000 IU. Sans quoi elle accroît le risque de malformations congénitales ! Alors, avant d'acheter les premiers compléments alimentaires, même destinés précisément aux périodes prénatales, renseignez-vous. Par exemple, en consultant un nutritionniste qui vous prescrira des analyses et un programme alimentaire adapté à vos carences. Ou alors, consultez et suivez scrupuleusement le guide des «apports nutritionnels conseillés», généralement distribué par le ministère de la Santé (au Canada, ce sera le *Guide alimentaire canadien*). Cela devrait suffire à combler tous vos besoins nutritionnels, tout en vous proposant des idées de menus.

Finalement, le seul complément nutritionnel qui est fortement recommandé à toutes les femmes qui désirent être enceintes est la prise d'acide folique. Plusieurs études ont confirmé que l'acide folique consommé avant la grossesse pouvait réduire de moitié les malformations du tube neural de l'enfant, comme le spina-bifida. Idéalement, cette vitamine devra être prise en suppléments de 0,4 à 0,8 mg un mois avant la conception et durant les trois premiers mois de la grossesse.

L'activité physique

Un exercice modéré est excellent pour la santé et la fertilité. Pourquoi? Parce qu'il alimente tous les organes en oxygène, tonifie les muscles, aide à évacuer les tensions, favorise le sommeil. Le sport agit même spécifiquement sur tout ce qui perturbe la fertilité :

- le stress, puisque le sport libère des endorphines qui elles-mêmes agissent sur la dépression et procurent une sensation de bien-être ;

- le surpoids, car il agit sur les muscles et élimine la graisse ;

- l'immunité, puisqu'il augmente le taux d'immunoglobuline et de globules blancs ;

- l'angoisse, le manque d'énergie et les troubles du sommeil, qui perturbent la sexualité.

Comment s'y mettre, et, surtout, par où commencer? Privilégiez la marche rapide, la natation, le vélo, le patinage (à glace ou à roulette); qui font à la fois travailler vos muscles mais aussi votre santé cardio-respiratoire. De courtes séances de 20 minutes, trois fois par semaine, suffisent. Puis vous pourrez augmenter progressivement l'effort en étirant le temps : 40 minutes, puis une heure.

Par contre, notamment chez les hommes, il est important de ne pas augmenter soudainement l'exercice additionnel. Il faut plutôt y aller progressivement. En effet, de récentes recherches américaines prouvent qu'en cas de sport intensif soudain, le nombre de spermatozoïdes fertiles peut diminuer de moitié, probablement à cause d'une chute de testostérone immédiatement après l'exercice. Au contraire, si l'entraînement est régulier, même en étant assez intense, le niveau de testostérone restera légèrement supérieur à la moyenne sans que cela gène la fertilité.

Chez la femme également, le sport pratiqué à une intensité élevée peut agir sur les hormones et perturber le cycle ovulatoire. Surtout dans la mesure où l'entraînement sportif professionnel est conjugué à une minceur extrême. Par exemple, une femme qui s'adonne au *body building* de compétition a un corps recouvert de 4 % à 8 % de graisse. Or, le cycle menstruel est perturbé dès que le niveau des graisses atteint moins de 22 % et les menstruations s'arrêtent en général quand ce niveau descend sous les 15 %. Ainsi, les adolescentes sportives d'élite ne vivent parfois pas leurs premières menstruations avant l'âge adulte. Les marathoniennes peuvent concourir pendant des années sans être menstruées; leur taux de graisses se situant à moins de 10 %. Même situation parfois chez les danseuses où, en plus de l'obligation de performer, règne le culte de l'image corporelle. Et lorsqu' à l'entraînement et aux diètes s'ajoutent la fatigue et le stress, liés à la performance et au désir de réussite, il en résulte forcément des changements biochimiques qui nuisent à l'ovulation et même à la production de spermatozoïdes !

ÉLIMINER LES SOURCES DE STRESS

Pourquoi le stress fait du mal...

De nombreuses études ont prouvé que le stress prolongé était néfaste pour la santé, et même pour la fertilité. Le stress peut arrêter l'ovulation, retentir sur la qualité des spermatozoïdes, et même nuire à l'avancement du travail pendant l'accouchement. À l'inverse, réduire le stress peut avoir une incidence positive sur la fertilité.

L'une de ces études[21], publiée en 1990 dans la revue *Fertility and Sterility*, a été menée par une équipe de médecins à la tête d'un programme «esprit/corps» (un *mind-body program*, nous y reviendrons plus bas). Pour réaliser cette étude, 54 femmes infertiles au niveau de stress élevé ont accepté un programme de réduction du stress pendant dix semaines, incluant un ensemble de pratiques à faire quotidiennement à la maison, pendant un minimum de 20 minutes. À la fin du programme, selon les auteurs, elles étaient toutes moins anxieuses, moins fatiguées et dépressives qu'avant, et dans les six mois qui ont suivi la fin de leur programme, 34 % de ces femmes avaient conçu (les femmes infertiles depuis deux à cinq ans ayant eu de meilleurs résultats que les infertilités plus longues).

---

21. A.S. Domar, M.M. Seibel et H. Benson, «The mind/body program for infertility : a new behavioral treatment approach for women with infertility», *Fertility and Sterility*, 1990, 53, 246-9.

Or la nature est bien faite, car un bébé n'est pas censé se concevoir et naître dans un environnement qui vous stresse et vous insécurise. Tout comme les animaux ne se reproduisent pas dans un environnement qui les met en péril. Dans ce contexte, l'infertilité n'est donc pas une maladie, mais plutôt une réponse normale de votre corps.

Le stress est en effet la réaction naturelle de notre corps pour se défendre rapidement. Le cerveau, par le biais de l'hypothalamus, envoie le message à notre organisme pour qu'il se mette en « mode défense », comme si nous devions être prêt à lutter ou à fuir pour assurer notre survie. Par exemple, chacun de nous a pu se rendre compte de cette sensation de « puissance physique » qui envahit rapidement le corps, en situation de stress. Ce réflexe met à contribution notre hypophyse, qui elle-même prépare notre corps en quelques secondes. Elle fait augmenter le rythme cardiaque et la tension ; resserre les vaisseaux sanguins, stimule les glandes surrénales à produire l'adrénaline, le cortisol et la DHEA ; et enfin, elle libère le sucre sanguin qui nous fournira toute l'énergie pour l'effort (de fuite, de lutte, de travail intense). « Or le problème, explique Zita West dans son livre *Fertilité et Conception,* est que tous ces petits mécanismes, déclenchés à répétition pour souvent pas grand-chose, interfèrent avec la fertilité. La DHEA interfère avec la production hormonale ; le resserrement des vaisseaux sanguins réduit aussi le flux sanguin nécessaire à la fabrication de sperme ; et le sucre libéré perturbe la production d'hormones. » Et certaines personnes n'arrivent même jamais à se défaire de ce stress permanent, à cause de longues journées de travail, surchargées de situations stressantes. Elles sont tellement habituées à gérer le stress qu'elles n'en ressentent même plus les effets.

L'étude Europop[22], menée en 2000, a couvert 16 pays européens et 60 maternités volontaires, puis a recensé les emplois particulièrement stressants, responsables de fausses couches et de naissances prématurées. Finalement, ce sont les emplois en contact étroit avec le public qui sont les plus stressants. En 1997, une étude publiée dans le journal médical *The Lancet* démontrait aussi les multiples liens entre certains emplois stressants et l'infertilité[23].

Mais le travail n'est pas toujours le seul facteur en cause. Un souci permanent, comme la maladie d'un proche, ou un problème de famille, suffisent à devenir des sources de stress prolongé. Et quand à cela s'ajoutent le manque de sport, une nourriture déséquilibrée, la consommation de caféine ou de nicotine, la réaction de stress reste enclenchée et épuise le corps. Toutes les fonctions essentielles du corps sont alors tournées vers sa survie, au détriment des fonctions non vitales comme la fertilité. Puis les effets secondaires de ce bouleversement commencent à se faire sentir. Entre autres : la production d'adrénaline excessive entraîne un manque de dopamine et favorise la dépression ; la digestion et le sommeil sont perturbés ; la tension artérielle augmente ; les globules blancs diminuent et affaiblissent le système immunitaire ; le désir sexuel décroît ; et, pour ce qui nous intéresse, le cortisol est libéré en excès, ce qui perturbe l'équilibre hormonal général.

Chez les femmes en particulier, le stress entraîne un excès de prolactine (hormone reproductrice) qui affecte l'ovulation. L'hypothalamus produit beaucoup moins de GnRH et cela affecte aussi la libération de LH et de FSH ; et les règles

---

22. *Journal of Epidemiology and Community Health*, 2004, 58, 395-401.

23. M. Paul, « Occupational reproductive hazards », *The Lancet*, 10 mai 1997.

deviennent irrégulières. Le stress prolongé aurait même la capacité de provoquer des spasmes dans les trompes de Fallope, empêchant ainsi un ovule fertilisé de descendre s'implanter dans l'utérus.

Du côté des hommes, les analyses de sperme démontrent une baisse de volume et plus d'anomalies spermatiques[24]. L'homme stressé peut aussi produire de la prolactine, ce qui inhibe sa production de testostérone, entraînant aussi une baisse de sa libido, des éjaculations précoces, voire une dysfonction érectile.

Ainsi, certains centres de fertilité «modernes» incluent dans leur programme la réduction du stress. Bien sûr, de la part de l'équipe traitante, il est toujours très délicat d'annoncer à un couple qu'il faut changer son mode de vie, tenter d'être moins stressé. Cela fait partie des choses les plus difficiles à entendre, surtout en cas d'infertilité inexpliquée. Pourtant, si vous voulez mettre toutes les chances de votre côté, il faudra entendre ce message!

Changer de rythme de vie

«Alors que ma gynécologue était partie en congé maternité, j'ai vu sa remplaçante pour la suite. Catastrophe! Cela a été l'un des pires rendez-vous de ma vie. Je suis partie en larmes de son cabinet. En gros, elle m'a dit que si je n'avais toujours pas d'enfant, c'était dû à mon rythme de vie. Elle n'avait peut-être pas tout à fait tort, mais dit de cette manière... En fait, quand je suis arrivée dans son cabinet, elle a commencé par me demander ce que je voulais,

---

24. Laura Fenster et coll., «Effect of psychological stress on human semen quality», *Journal of Andrology*, mars-avril 1997.

puisque tous les examens étaient bons. Puis, elle m'a dit qu'il fallait que je me pose d'autres questions : que je travaille moins, que j'arrête de fumer, que je fasse du yoga car j'étais trop nerveuse. Pas facile à entendre quand après deux ans vous n'êtes toujours pas enceinte. Sur ce, elle m'a quand même fait une ordonnance pour le test de Hühner, pour lequel je lui ai dit que ce n'était pas la peine, que nous n'aurions jamais d'enfant, tellement j'étais énervée… Je suis rentrée à la maison effondrée, culpabilisant un maximum. Puis d'un commun accord, nous avons décidé d'attendre davantage avant d'envisager quoi que ce soit. Depuis, j'ai d'ailleurs arrêté de fumer et j'ai repris le sport. Grandes décisions ! »

(Isabelle, 31 ans, France. Actuellement en cours de FIV.)

Comment se débarrasser du stress ?

Il faut d'abord mettre le doigt sur ce qui vous stresse. Les facteurs de stress les plus courants sont le travail, le couple et la famille, et sans aucun doute, l'échec à concevoir et le traitement de votre infertilité. Puis il faut soulager ces tensions. Les méthodes les plus efficaces sont l'exercice physique, les massages, le yoga, la respiration profonde (renseignez-vous notamment sur le Dao Yin, une méthode de respiration chinoise), la visualisation, même l'aromathérapie. Enfin, et surtout, le repos. Réapprenez à bien dormir. Couchez-vous plus tôt que d'habitude, maintenez votre chambre fraîche, essayez de vous lever et de vous coucher tous les jours à la même heure, faites une sieste quotidienne de 30 minutes (même caché sous votre bureau !), et essayez de souper tôt, idéalement avant 19 heures, afin que vous ayez déjà bien digéré avant de vous coucher.

Il peut aussi être intéressant de se renseigner auprès des cliniques ou des centres médicaux qui proposent un *mind-body program*. Ces programmes « esprit-corps », réunissant plusieurs médecines alternatives, sont très populaires depuis quelques années, notamment aux États-Unis. Ainsi, quelques cliniques canadiennes ont ouvert sur le même modèle. Le centre le plus connu est sans doute celui d'Alice Domar, la pionnière en ce domaine. Celui-ci, associé au Centre de FIV de Boston, lui-même affilié à l'Université Harvard, porte d'ailleurs son nom : le Domar Center. Professeur de gynécologie obstétrique à Harvard, elle s'est spécialisée dans la détresse psychologique des couples infertiles et la façon d'« optimiser » leur traitement de fertilité, grâce aux thérapies complémentaires.

Qu'est-ce que ces *mind-body center*? À l'image de ceux qui existent déjà pour les traitements du cancer, ces centres partent du principe que, pour vaincre le mal, les soins du corps et de l'esprit sont indissociables. Ils vont donc fournir tout un ensemble de thérapies complémentaires au traitement de fertilité, telles que : acupuncture, yoga, massages, thérapies de couples, séjours de repos.

Aussi, ils vous encourageront sûrement à laisser de côté les traitements traditionnels du stress, à base d'antidépresseurs, pendant votre période de conception. Chez l'homme, ils inhibent la libido et entraînent différents problèmes sexuels, dont des difficultés érectiles. Tandis que chez la femme enceinte (vous pourriez l'être sans le savoir), ses effets peuvent être dangereux sur le fœtus. Les benzodiazépines, qui sont des anxiolytiques, sont par exemple dangereux pour le fœtus s'ils sont pris de façon régulière, et notamment les dix premières semaines de la grossesse lorsque la partie du cerveau reliée aux émotions se développe. Ils pourront seulement être pris de façon occasionnelle au cours de la grossesse, dans des situations bien précises, et avec l'approbation du médecin.

Le stress d'une FIV, ennemi de la FIV ?

Beaucoup de femmes s'interrogent sur le stress provoqué par le traitement de fertilité lui-même. Cela mettrait en place une sorte de cercle vicieux, puisque la FIV, censée vaincre l'infertilité, l'alimenterait en fait par son stress. Est-ce possible ? On peut en discuter, mais il ne faut surtout pas en faire une affirmation.

Selon Danièle Tremblay, psychologue et spécialiste de l'infertilité, il est effectivement probable que la multiplication des échecs et l'angoisse du traitement influent sur la fertilité. Et malheureusement, il est illusoire de penser qu'on peut éviter ce stress, puisque ces parcours sont « existentiellement souffrants », dit-elle. « On ne peut pas dire à quelqu'un qui est en âge de procréer "vous n'aurez peut-être pas d'enfant" sans entraîner un impact psychologique très grand. »

Mais ce stress n'empêche pas nécessairement la conception. En effet, il est possible de soulager et d'amoindrir l'impact de ce stress, à défaut de l'empêcher, en se faisant aider par un psychologue. « Dès que les femmes sentent qu'elles ne sont pas bien, qu'il y a un niveau de stress, ou un besoin de questionner, pourquoi attendre ? », conseille-t-elle.

Le pire élément de ces traitements étant, justement, l'attente. « Face à ces traitements, il faut développer une psychologie de l'attente. Or il n'y a rien que l'humain déteste plus que d'attendre, puisqu'on vit dans une société où l'on n'attend plus. Avec eux, il faut donc développer cela à nouveau. Car dans le protocole, tout est attente. Comment ? D'abord en en parlant. Mais aussi par des exercices de

relaxation ou d'hypnose ; pour baisser le niveau de stress »,
continue Danièle Tremblay.

Auto-évaluez votre niveau de stress

Voici un petit questionnaire pour vous aider à auto-évaluer
votre niveau de stress. Il couvre des situations très variées,
car l'infertilité affecte de nombreuses facettes de votre
vie. Il a été élaboré avec l'aide d'une psychologue spécialiste des traitements de fertilité, Danièle Tremblay. Lisez
ces questions attentivement, puis décidez du degré de
changement que vous avez ressenti ces derniers temps.

1 = Pas du tout   **2** = Un peu
3 = Beaucoup   **4** = Énormément

1. Votre sommeil a t-il changé ?
2. Pleurez-vous souvent « pour rien » ?
3. Avez-vous un sentiment de culpabilité
   par rapport à l'infertilité du couple ?
4. Vous sentez-vous plus irritable face aux
   comportements et remarques des autres ?
5. Souffrez-vous plus souvent de douleurs,
   maux de tête, insomnie ?
6. Votre rapport au travail a-t-il changé :
   plus de lassitude, moins de productivité ?
7. Souffrez-vous de voir une femme enceinte ?
8. Votre appétit a-t-il changé ?
9. Vous arrive-t-il d'oublier plus fréquemment
   des rendez-vous ou des tâches à accomplir ?
10. Ressentez-vous de la colère envers votre partenaire ?

11. Avez-vous de la difficulté à prendre
    des décisions?

12. Vos sorties entre amis ont-elles diminué?

13. Faites-vous moins attention qu'avant
    à votre apparence?

14. La fréquentation de votre famille
    et de vos amis a-t-elle changé?

15. Votre poids a-t-il changé?

16. Avez-vous de la difficulté à envisager
    votre avenir de couple, s'il n'a pas d'enfant?

17. De façon générale, votre intérêt pour
    les gens a-t-il changé?

18. Votre confiance et votre empathie envers
    l'équipe médicale que vous consultez
    ont-elles changé?

19. Diriez-vous que vous êtes plus cynique,
    désenchantée?

20. Votre désir sexuel a-t-il changé depuis que
    vous avez des problèmes d'infertilité et/ou
    depuis que vous êtes en traitement?

21. Avez-vous peur que votre conjoint vous quitte?

22. Souffrez-vous d'aller voir vos amies qui
    viennent d'accoucher?

23. Votre optimisme par rapport à vos chances
    de grossesse a-t-il changé depuis le début
    de votre traitement?

24. Passez-vous beaucoup plus de temps sur
    Internet et les sites consacrés à l'infertilité?

25. Avez-vous l'impression que l'infertilité vous a
    éloignée de votre conjoint?

Résultats

Vous pouvez maintenant évaluer votre état en additionnant les résultats de chaque réponse. Sachant que le maximum est de 100, avez-vous l'impression que votre résultat est nettement trop haut ? Nous vous laissons en juger. Mais si la réponse est oui, cela signifie que aurez de la difficulté à vous adapter aux exigences « psychologiques » du traitement de fertilité ; et que vous êtes plus « à risque » de développer une dépression en cas d'échec. Il peut être alors très utile qu'un psychologue vous aide à traverser cette période difficile.

FAIRE UN TRAVAIL PSYCHOTHÉRAPIQUE

On a vu que la consultation d'un psychologue était très utile au soulagement du stress pendant un traitement de fertilité. Mais une psychothérapie, en soi, peut-elle suffire à traiter une infertilité ? Cela revient à se demander s'il existe des infertilités « psychosomatiques », que l'on pourrait soigner uniquement par un travail psychothérapique.

Très souvent, en effet, une femme dont l'infertilité reste inexpliquée en viendra un jour à se demander : « Est-ce dans ma tête que ça bloque ? Est-ce mon corps qui dit non ? Est-ce que je suis trop stressée, ou pas assez amoureuse, ou pas prête à être mère…? » Les psychologues peuvent en témoigner, car c'est une inquiétude souvent évoquée. Ces femmes ont l'impression que leur corps refuse la maternité, qu'il va contre le processus. D'ailleurs, la question intéresse de plus en plus de chercheurs.

La réponse serait oui ; cela est effectivement possible. Car un facteur psychologique peut causer des troubles biochimiques et entraîner des effets mesurables sur le système endocrinien, producteur d'hormones. Un journal médical américain, disponible sur Internet, fondé en 1982, est même dédié à cet aspect de l'infertilité : *Journal of Psychosomatic Obstetrics and Gynaecology* (www.ispog.org).

« N'expliquer la conception qu'à partir de la théorie biologique est limité, confirme la psychologue montréalaise Danièle Tremblay. Sinon, les bébés se feraient très facilement, que ce soit naturellement ou en fécondation *in vitro*. Il y a donc autant d'aspects physiologiques que psychologiques dans le processus de la conception. On ne maîtrise pas tout. Et de la même manière qu'on ne peut pas affirmer que tout est biologique, on ne peut pas affirmer que tout est psychologique. La frontière est très difficile à déterminer. »

Certaines fois, beaucoup d'indices laisseront supposer que l'infertilité peut être psychosomatique, ou encore « psycho-génétique », selon le jargon médical.

« Par exemple, lorsqu'il y a une infertilité masculine et que le couple est en symbiose, la femme va parfois développer elle-même une infertilité, comme si elle n'était pas capable de laisser son mari souffrir seul. Du coup, elle ne sera pas capable de concevoir un enfant (en insémination avec donneur par exemple), alors que, théoriquement, elle le peut. Ce peut être un acte de protection inconsciente envers son conjoint », explique Danièle Tremblay.

« Mais ce peut être aussi un conflit avec la mère. Par exemple une identification inconsciente positive (la fille se dit inconsciemment : "Je ne serai jamais à son niveau."), ou une identification négative ("Je ne veux pas devenir une mère comme elle."), ou encore une anxiété du dépassement de sa mère, ce qui est normal et courant. Pour toutes les filles, la séparation d'avec sa propre mère est un chemin à faire. Mais pour certaines d'entre elles, il faudra parfois un travail de long terme, en accompagnement avec le traitement. Le taux de succès peut alors devenir grand», poursuit la psychologue.

Autre catégorie encore : les couples de parents. «Ils sont tellement les parents de tout le monde qu'ils ne sont pas disponibles pour être parents eux-mêmes. Ils sont tellement perçus comme un couple fort, à qui on peut tout dire, qu'il n'y a pas de place pour un enfant. Ils ont déjà trop "d'enfants" dont ils doivent s'occuper ! Ce peut être la sœur, la voisine, la cousine. Cela leur pèse beaucoup, parfois sans qu'ils s'en rendent vraiment compte. Il faut alors travailler sur cet aspect et parfois, cela suffira à redonner de la place pour leur bébé. »

Or, il n'y a pas que les psychologues qui reconnaissent cette infertilité psychosomatique. De nombreux médecins en clinique de fertilité admettent, eux aussi, que travailler sur certaines tensions psychologiques peut aider la fertilité ou un traitement de fertilité.

Le médecin français René Frydman, en fait partie. Voici ce qu'il écrit dans son ouvrage généraliste *L'Assistance médicale à la procréation* (coll. «Que sais-je ? », Paris, Presses universitaires de France, 2004). «Il existe des cas où les causes psychologiques jouent un rôle prédominant dans la stérilité, et leur compréhension par le médecin comme par sa patiente peut aider à la guérison, ou en tout cas à mieux aborder cette période de tension où tous les efforts seront tournés vers la venue de cet enfant. Certaines culpabilisent d'avoir fait une interruption de grossesse même si tous les éléments de la décision étaient alors réunis (âge, étude, instabilité du couple). Parfois, c'est la naissance du premier enfant qui a été vécue dans des conditions extrêmement difficiles physiquement (forceps, infection, déchirure...) ou moralement (solitude, dépression post-partum). La relation avec la mère est parfois complexe. Ou certaines jeunes filles, enfant unique, sentent peser sur elles un véritable interdit maternel venant de leur propre mère qui ne souhaite pas, de manière consciente ou inconsciente, que leur fille ait un enfant. »

Comment, concrètement, le « psychisme » peut-il agir autant sur le corps ? Il aurait une influence à deux niveaux. Non seulement il serait capable de perturber le fonctionnement des ovaires, et de bloquer la pénétration des spermatozoïdes en stoppant leur remontée dans les trompes au niveau de la glaire cervicale, mais il provoquerait même la sécrétion par l'organisme féminin d'une glaire hostile ou toxique aux spermatozoïdes. Une perturbation qui résiste, dans ce cas, aux traitements par œstrogènes proposés habituellement pour lutter contre ces stérilités dites immunologiques. Willy Pasini, professeur de psychiatrie à l'université de Genève, affirme quant à lui qu'une stérilité psychogène se traduit par deux causes organiques : « La première est le blocage de l'ovulation, qui peut être – ou avoir été – entraîné par un choc ou une violence. La seconde cause est un facteur psychologique qui agit sur le spasme des trompes, et qui peut générer une stérilité parce qu'il interdit la rencontre entre le spermatozoïde et l'ovule. »

La plus belle preuve de tout cela, selon certains, serait finalement les nombreuses « grossesses surprises » qui suivent très rapidement une adoption, un deuil, voire un changement de conjoint, alors que la femme ou l'homme étaient déclarés stériles. « Est-ce la libération d'une certaine tension, d'une certaine angoisse, ou le phénomène du hasard ? Nous n'avons pas réponse à toutes ces questions mais nous en prenons bonne note, pour renforcer la modestie médicale », commente René Frydman dans son ouvrage.

Mais attention, les grossesses surprises peuvent parfois s'expliquer assez facilement. «Il faut garder en tête que chez le tiers des couples, l'infertilité est combinée, précise de son côté la gynécologue montréalaise Louise Lapensée. Par exemple, la femme a un peu d'endométriose, l'homme a des spermatozoïdes un peu paresseux. Mais si le couple se sépare, et que chacun de son côté rencontre un conjoint très fertile, il est probable qu'ils concevront plutôt facilement, sans qu'il y ait une explication psychologique derrière.»

Il est donc souvent difficile de s'interroger sur ces raisons seules, ou au sein d'un couple. L'unique chose qui peut être conseillée est celle-ci : si vous pensez qu'un élément de votre histoire peut entraver votre épanouissement, votre aptitude à devenir maman, il faut s'en débarrasser et en parler. Mais dites-vous qu'il n'y a jamais d'explications faciles. D'ailleurs, l'entretien à visée psychologique ne recherche pas forcément une cause expliquant rationnellement l'origine de la stérilité. Ce qui compte, c'est la verbalisation et la «mise à distance» des peurs et des inquiétudes, même si elles semblent irrationnelles. Peut-être même qu'un travail de court terme, axé essentiellement sur le stress, pourra être bénéfique et suffire en soi. Par contre, si la psychothérapie ne vous dit rien et que vous estimez ne pas en avoir besoin, même avec vos petites histoires familiales compliquées, dites-vous que l'on n'est jamais obligé de tout «conscientiser» pour qu'un traitement de fertilité réussisse! Ce sont les mêmes spécialistes qui l'affirment...

LES MÉDECINES ALTERNATIVES

Trop peu d'études existent sur les bienfaits des médecines naturelles en fertilité, à cause d'un manque d'investissement, mais aussi parce que très peu de médecins la suggèrent.

Pourtant, de plus en plus de gens y recourent. En 2004, une vaste enquête du Center for Disease Control (États-Unis) affirmait que 62 % des adultes américains avaient utilisé une médecine complémentaire et alternative au cours des douze derniers mois ! Et aujourd'hui, de nombreuses études et témoignages attestent de l'utilité de ces médecines.

Elles ne doivent pas être utilisées en dernier recours, mais idéalement, en complément des traitements médicaux. Voire en alternative ou en prévention, pour les moins pressés. Mais surtout, dans le cadre de la fertilité, elles peuvent être combinées entre elles.

En 2002, un chercheur américain de l'Université de l'Arizona a par exemple essayé de traiter des fibromes chez la femme, grâce à une combinaison de soins alternatifs, en comparant ses résultats à un traitement médical standard. Deux groupes de 37 patientes ont donc été constitués. Le programme de soins alternatifs comprenait de la médecine traditionnelle chinoise (acupuncture et herbes chinoises), de la nutrithérapie, des massages de la zone pelvienne, de la visualisation, de l'autohypnose et de la méditation. Voici ce que les résultats, récoltés après six mois de traitement, ont révélé : pour soulager les symptômes, l'approche globale a été aussi efficace que l'abord classique, et pour réduire la taille des fibromes, l'approche globale était plus efficace que l'abord classique[25]. Des résultats prometteurs, qui n'ont cependant pas encore été appuyés par d'autres études. Il faut préciser que dans le cas de cette étude, les femmes suivant le traitement alternatif l'ont payé de leur poche et

---

25. Mehl-Madrona L., « Complementary medicine treatment of uterine fibroids : a pilot study », *Alternative Therapies in Health and Medicine*, 2002, mars-avril 8(2), 34-6, 38-40, 42, 44-6.

ont déboursé en moyenne 3 800 dollars américains, soit beaucoup plus que celles sous traitement médical.

Mais sans aller jusque-là, recourir aux médecines alternatives pourra aussi être l'occasion de soigner vos petits troubles, même (*a priori*) sans rapport avec votre fertilité. Voici un aperçu de tous les traitements naturels qui s'offrent à vous.

L'acupuncture

En Chine, on la pratique depuis plus de deux mille ans et, dans le monde occidental, c'est probablement la médecine alternative la plus respectée. Elle est même enseignée (en option) dans la plupart des universités de médecine. Son but, pour ce qui nous concerne ? Rétablir l'équilibre au sein de votre organisme, considéré comme tout aussi important que le bon fonctionnement de votre appareil reproducteur. Pour cela, elle agit sur différentes parties du corps, mais aide également à la relaxation pendant les traitements.

Comment fonctionne-t-elle ? Grâce à de très fines et souples aiguilles, plantées à des endroits stratégiques du corps. Ces aiguilles stimulent le système nerveux autonome, qui aide à contrôler les muscles et les glandes. Sa réponse est rapide : les résultats se feront sentir après trois ou quatre séances, ou parfois immédiatement après la séance.

Elle peut être utilisée pour réduire le stress dû au traitement, pour les troubles de l'ovulation, pour stimuler la libération des œufs par les ovaires. Mais pas seulement. Selon Zita West, acupunctrice spécialiste de l'infertilité, l'acupuncture pourrait également aider à soulager les symptômes de nombreuses affections qui compromettent la fertilité. Notamment : la dysménorrhée (règles douloureuses), l'aménorrhée (absence de règles), le syndrome prémenstruel et la ménopause, les déséquilibres hormonaux, l'anovulation, les fibromes, l'endométriose ou encore les douleurs des seins, de la prostate, de la vessie.

Selon l'auteure, ce sont les effets de l'acupuncture sur le syndrome des ovaires polykystiques qui seraient les mieux documentés. Le traitement inclut l'acupuncture auriculaire (les points étant situés sur l'oreille) et l'électro-acupuncture, diffusant un courant faible à travers les aiguilles pour stimuler les points. Il agit sur les b-endorphines, qui affectent elles-mêmes les taux de GnRH, et peut donc aussi être utilisé pour réguler un déséquilibre hormonal, en particulier les taux de FSH et de LH.

Mais l'acupuncture peut aussi être utile pour multiplier les chances de réussite d'une FIV. En 2002, un article et une étude très favorables étaient publiés à ce sujet, dans la revue spécialisée *Fertility and Sterility*[26]. L'étude[27] a comparé le taux de grossesse d'un groupe de 160 femmes suivant un protocole de FIV et qui avait reçu un traitement d'acupuncture 25 minutes avant et après le transfert d'embryon, à un autre groupe de «fivistes» sans acupuncture. Le premier groupe a atteint un taux de grossesse clinique de 42,5 %, tandis que l'autre groupe a obtenu un taux de 26,3 %.

Avant cela, en 1992, un essai a également été mené auprès de 45 femmes souffrant de règles quasiment absentes et d'un manque de progestérone. Toutes ont été traitées par auriculo-acupuncture (acupuncture sur l'oreille, l'intérieur de l'oreille réunissant toutes les parties du corps en des

---

26. Chang R., Chung P.H., Rosenwacks Z., «Role of acupuncture in the treatment of female infertility », *Fertility and Sterility*, 2002, 78, 1149-53.
27. W.E. Paulus, M. Zhang, E. Strehler, «Influence of acupuncture on the pregnancy rate in patients who undergo assisted reproduction therapy», *Fertility and Sterility*, 2002, 7, 721-4.

points très précis). Un autre groupe témoin, de 45 femmes souffrant des mêmes symptômes, a été traité par hormones. Finalement, 22 femmes du premier groupe (acupuncture) et 20 femmes du second sont devenues enceintes, tandis que les secondes ont souffert d'effets secondaires, mais pas les premières[28].

Il est à noter que les hommes infertiles peuvent également bénéficier de l'acupuncture. Plusieurs études ont prouvé qu'elle pouvait améliorer significativement la qualité du sperme, et elle aurait aussi fait ses preuves pour surmonter l'anéjaculation[29]. Du coup, de nombreux endocrinologistes sont aujourd'hui ouverts à l'idée et parfois même la recommandent.

Enfin, l'acupuncture pourrait même faire ses preuves en cas d'infertilité inexpliquée, affirme l'acupuncteur montréalais André Daoust. Elle ferait ses preuves autant dans les cas où la femme éprouve des difficultés à être enceinte que dans les cas de fausses couches répétées.

« La médecine chinoise, dont fait partie l'acupuncture, est une médecine énergétique, explique André Daoust. Or, le renforcement de l'énergie en rapport avec le système reproducteur est la clé de bien des cas d'infertilité inexpliquées. C'est sur ce genre de cas que je travaille le plus souvent. » Son traitement se base sur une période de trois mois (« trois blocs d'ovulations complètes », précise-t-il), à raison de deux séances par semaine. Soit, en moyenne, 26 à 30 séances. Ses

---

28. I. Gerhard et F. Postneek, « Auricular acupuncture in the treatment of female infertility », *Gynecology and Endocrinology*, 6 sept. 1992.

29. Y. Chen, « Acupuncture treatment of functional non-ejaculation : a report of 70 cases », *The Journal of Traditional Chinese Medicine*, 1993, 13, 10-12.

résultats ? « Une patiente sur deux est enceinte autour de ce délai et à ce rythme », affirme-t-il.

« Bien sûr, cela demande parfois beaucoup de changements à la personne : au niveau de son mode de vie stressant, son alimentation, l'exercice, le sommeil, les émotions. Tout doit être pris en considération et ajusté le plus possible. La charte de température basale est d'ailleurs mon outil de travail. La femme doit prendre sa température basale chaque matin avec un thermomètre numérique buccal. Les phases FSH, ovulatoire et LH sont vues et ajustées par ma méthode acupuncturale. » Ensuite, les effets favorables se feraient rapidement sentir. « Les patientes ressentent généralement un renforcement général, sont mieux immunisées, les douleurs disparaissent, le sommeil s'améliore, l'appétit revient, et les menstruations n'ont jamais été aussi faciles. Enfin la grossesse, parfois, viendra couronner le tout. »

L'acupuncture peut donc être choisie en renforcement d'un traitement conventionnel, avant, ou même à la place. Mais dans tous les cas, choisissez toujours un acupuncteur référé par une association professionnelle.

La chiropraxie

Le traitement chiropratique consiste à manipuler les régions cervicale, dorsale et lombaire, mais aussi d'autres parties du corps afin d'ajuster les vertèbres, dégager les blocages (liés tout à la fois aux os, aux muscles et au système nerveux) et rétablir l'équilibre physiologique. La chiropraxie (ou chiropratique) est donc très utilisée pour améliorer la posture, la mobilité, la circulation sanguine et le tonus musculaire, ou encore pour réduire les inflammations causées par un mouvement répété. Son lien avec la fertilité ? Elle améliorerait la fertilité en relâchant la pression sur les nerfs spinaux connectés à l'utérus. Mais elle aurait aussi la capacité de traiter les problèmes cervicaux et pelviens, ainsi que les troubles hormonaux, en agissant sur l'os sphénoïde et sa membrane, qui eux-mêmes ont une action sur l'hypophyse.

De même, selon une série d'études de cas parues en 2004 dans *Journal of Vertebral Subluxation Research,* le simple fait de corriger les « interférences nerveuses » causées par les déformations de la colonne vertébrale aurait un impact positif sur la fertilité[30]. En soignant le dos, on permettrait au système nerveux – et, par extension, hormonal – de fonctionner correctement. Parmi les cas, celui d'une femme de 32 ans, qui n'avait plus de règles depuis 12 ans. Aucun traitement de fertilité n'avait fonctionné. Elle fut ensuite traitée en chiropratique pendant deux mois, au niveau de la région lombaire ; le cycle menstruel est revenu ; et, quatre mois plus tard, elle attendait un enfant. Ces résultats mettent en lumière le rôle de la « structure » corporelle sur l'équilibre du système nerveux et, tel un jeu de dominos, sur la fertilité. Et ils ouvrent grand la porte à des recherches futures sur la question !

L'homéopathie

Concernant les troubles de la fertilité, les possibilités de l'homéopathie seraient nombreuses. L'homéopathie aiderait à réguler les déséquilibres hormonaux et les cycles menstruels (règles absentes, irrégulières, abondantes) ; à traiter l'endométriose, les kystes ovariens et les fibromes, à prévenir les fausses couches, mais également à réduire le stress.

---

30. Plusieurs études de cas sont parues dans l'édition spéciale « Infertilité » du *Journal of Vertebral Subluxation Research* www.jvsr.com.

Mais attention : il n'existe aucune étude documentée sur les effets de l'homéopathie sur l'infertilité.

En quoi consiste cette médecine naturelle ? Le principe de base de l'homéopathie pourrait être, à première vue, de « soigner le mal par le mal ». Mais c'est un peu plus complexe que cela. En fait, pour guérir, l'homéopathie fournit par doses minuscules une substance qui, en dose importante, peut être la source de votre mal ou produire les symptômes similaires. Par exemple, on soignera les symptômes d'une piqûre d'abeille avec le remède qui contient une dose infinitésimale de son venin. Cela repose sur le postulat que, plus ces substances naturelles sont diluées, plus elles sont efficaces et stimulent les propres mécanismes de défense de notre corps. À partir de ce principe de base, l'homéopathie serait efficace sur tous les troubles et maladies physiques comme psychiques, tant que les dommages irréversibles liés à une maladie n'ont pas déjà eu lieu. Mais elle reste une médecine très controversée, justement à cause de la composition infiniment légère de ses granules. Les remèdes homéopathiques se présentent en effet sous la forme de petits granules blancs, ou en poudre, ou parfois dilués dans de petites ampoules, lorsqu'ils sont destinés aux bébés. Plus de 2 000 remèdes différents composent la pharmacie d'un homéopathe.

Les homéopathes se trouvent partout, et les médicaments homéopathiques sont délivrés dans toutes les pharmacies, sans ordonnance. Cela dit, attendez-vous à un premier rendez-vous long et détaillé. L'homéopathie fait en effet partie de ces médecines « holistiques » qui appréhendent le patient dans toute sa dimension pour le soigner : ses antécédents médicaux, son histoire personnelle, son tempérament, son alimentation, ses goûts personnels. Tout cela pour déterminer son « type constitutionnel », ce qui aura un impact sur son traitement. Car même s'il existe de « grands remèdes » homéopathiques qui sont censés agir sur tous les patients atteint d'un même mal, chaque patient recevra un traitement totalement personnalisé.

La phytothérapie

Les plantes guérissent depuis des millénaires, et une grande partie des médicaments conventionnels sont faits à base de plantes. Il n'est donc pas étonnant qu'il en existe de très bénéfiques pour la fertilité.

La phytothérapie part du principe qu'il est plus efficace, mais aussi plus sécuritaire, d'utiliser la plante dans son entier plutôt que d'en extraire les ingrédients actifs. La plante est alors utilisée soit en infusion, soit en teinture mère (macération de la plante dans un mélange d'eau et d'alcool, vendue telle quelle en pharmacie), soit en cataplasme (appliqué directement sur l'endroit du corps à traiter), soit en gélules ou comprimés.

La plus connue dans le domaine de la fertilité est le gattilier (*Vitex agnus castus*), plante à fleur de la région méditerranéenne, grande régulatrice hormonale agissant à la fois sur la libération de LH et de prolactine, la sécrétion de FSH, de progestérone et l'ovulation. Elle régulerait en effet les règles irrégulières, douloureuses ou trop abondantes ; arrêterait la croissance des fibromes et aiderait à équilibrer les hormones, notamment après l'arrêt de la pilule contraceptive et en cas de taux de prolactine trop élevé pouvant stopper l'ovulation.

Par ailleurs, l'utilisation de plantes qui soutiennent le foie pourrait aider à dégrader un excès d'œstrogènes. Certaines plantes auraient aussi un effet antihémorragique, d'autres agissent sur le stress (la passiflore, la camomille), d'autres sur l'impuissance masculine (le yohimbe), d'autres encore sur l'utérus et les ovaires, qu'elles tonifieraient (l'hélonias ou *Chamaelirium luteum* doré).

Dans tous les cas, il est important de consulter un phytothérapeute et de ne pas «s'automédicamenter». Certaines plantes sont très puissantes et, prises de façon incorrecte, peuvent causer plus de mal que de bien.

La pharmacopée chinoise

La médecine traditionnelle chinoise est pratiquée depuis près de cinq mille ans, par près d'un quart de la population mondiale, et, pour le traitement de l'infertilité, elle aurait au moins deux mille ans. En effet, les Chinois se soignent par les plantes qu'ils trouvent sous forme séchées ou en comprimés, dans leurs pharmacies traditionnelles, de la même façon qu'un Occidental achète un médicament en pharmacie! Puis ils associent souvent cette phytothérapie à l'acupuncture et à la digitopuncture ou acupressure (pression exercée par les doigts sur des points spécifiques du corps).

Pour ce qui nous concerne ici, la médecine traditionnelle chinoise améliorerait la fertilité en équilibrant le système endocrinien. Elle soulagerait efficacement les nausées et les vomissements qui suivent parfois la laparoscopie, tout comme ceux des débuts de grossesse. Le traitement consiste typiquement en un programme hebdomadaire d'acupuncture, associé à la prise quotidienne de préparations à base de plantes. Bien sûr, il pourra évoluer en fonction des réponses de votre corps au traitement.

Le *Kuei-chih-fu-ling-wan,* un remède à base de plantes, est par exemple couramment utilisé pour traiter les menstruations abondantes, les douleurs menstruelles et les problèmes de fertilité. Au cours d'une étude menée au Japon en 1992, ce produit a été administré à 110 femmes non ménopausées souffrant de fibromes. Or, le flux menstruel et les douleurs menstruelles ont diminué chez 90 % des patientes, et 60 % ont vu la taille de leurs fibromes diminuer.

Chez les hommes, la pharmacopée chinoise agirait efficacement sur l'infertilité masculine, les hormones de production des spermatozoïdes, ainsi que les «agglutinants antispermatozoïdes» qui affectent parfois la fécondation. Une étude de 1995 réalisée en Chine sur 202 cas d'infertilité masculine, prouve l'efficacité de comprimés Shengjing à base d'herbes. Au final, à la suite de ce traitement, 116 hommes auraient réussi à mettre leur femme enceinte.

L'hypnothérapie

L'étude scientifique de l'hypnose, à titre de thérapie, est en plein essor depuis le milieu du XXe siècle. Car l'hypnose aurait un intérêt à la fois dans le traitement des troubles psychologiques, mais aussi dans le traitement de troubles qui paraissaient purement physiques.

Comme on le sait, le corps et l'esprit sont intimement liés : chacun influe sur l'autre. Quand le corps va mal, l'esprit va mal aussi, et quand l'esprit souffre, le corps souffre également. Mais justement, l'hypnose est une sorte de «voie de communication» entre le corps et l'esprit. Comment est-ce possible? Et comment l'hypnose peut-elle agir sur notre appareil reproducteur?

L'hypnothérapeute canadienne Betty Reis s'explique : «Le corps de chaque être humain renferme tout son vécu, chaque pensée, chaque événement, chaque rapport avec son prochain. Or ces réactions et ces émotions, ainsi que toutes les décisions inconscientes, sont "encodées" sous forme d'information par des molécules messagères, qui viennent de toutes les cellules de notre corps. Ceci est un phénomène purement biologique. L'encodage est stocké physiquement dans certaines zones du cerveau, et grâce à ce processus d'encodage, l'information est traitée, traduite, puis enregistrée. Mais parfois, selon notre niveau de stress, d'anxiété ou notre état émotionnel au moment d'un événement, l'information est figée, gelée, un peu comme un ordinateur qui "bogue". Pour pallier ce "bogue" du système, le cerveau peut envoyer un signal de manifestation de symptôme physique, de dérèglement du système reproducteur.» C'est là que l'hypnose permet d'intervenir, sur les processus de communication entre le corps et l'esprit. Elle peut rétablir l'équilibre et le bon fonctionnement de tous les systèmes, y compris le système reproducteur. «Grâce à l'état d'hypnose, poursuit-elle, le sujet se détache de son environnement pour accéder à un état modifié de la conscience, qui permet une sorte de communication privilégiée avec l'inconscient. Une coopération s'installe, le sujet entre en contact avec ses ressources d'autoguérison, il reprend peu à peu le contrôle.»

«Parfois, à la suite de cette étape, explique Betty Reis, on observe des résultats spectaculaires. Le simple fait de rétablir la communication entre l'inconscient et le corps physique déclenche un processus d'autoguérison. D'autres fois, les résultats concrets sont plus longs à venir.»

L'hypnothérapeute procède en fait avec le sujet à une régression, un retour en arrière dans le temps vers l'événement, la situation, ou encore l'état émotionnel qui a déclenché le tout premier processus d'encodage fautif, le «bogue». Ils vont travailler ensemble à le dégeler, à défiger les informations et les reformuler, à transformer les décisions inconscientes. C'est comme si l'état de conscience paradoxal, produit par l'hypnose, permettait d'intervenir pour corriger à la source les idées génératrices d'émotions non désirées, ou les pensées qui produisent des malaises physiques. Puis, il s'agira « d'insérer des données nouvelles dans le programme de notre subconscient ».

Dans le domaine qui nous intéresse, l'hypnose pourrait ainsi agir sur les infertilités inexpliquées, en aidant à éliminer les blocages psychologiques inconscients qui empêchent certaines femmes de concevoir. L'hypnose aiderait notamment à libérer la douleur et le traumatisme des fausses couches, des avortements, des viols.

Mais surtout, l'hypnose aiderait à diminuer le stress. « On le sait, les conséquences que le stress peut à long terme avoir sur la santé physique et psychologique sont nombreuses : fatigue, insomnie, épuisement, maux d'estomac, douleurs au dos, déficience du système immunitaire, migraines, dépression, etc. Il faut donc prendre ce problème au sérieux et ne négliger aucun moyen pour le réduire. Or, l'hypnothérapie peut s'avérer un traitement très efficace dans le processus de gestion du stress, puisqu'elle permet de calmer le corps et l'esprit. Parfois, une cassette ou un CD d'autohypnose est d'ailleurs inclus dans le traitement, pour permettre au patient d'accélérer le processus d'apprentissage de gestion du stress au quotidien », poursuit-elle.

Tout cela vous parait fou ? D'après les statistiques, 90 % de la population serait capable d'être sous hypnose. Et, rassurez-vous : dans cette forme légère d'hypnothérapie, on demeure tout à fait conscient et on se souvient absolument de tout ce qui a été dit. En fait, ce n'est pas le thérapeute qui fait la thérapie, c'est le patient. Le thérapeute est un peu comme un entraîneur sportif : il donne des conseils, il guide le patient, lui fait faire des exercices pour développer les ressources qui lui manquent et supprimer les blocages, mais c'est le patient qui agit.

Sachez aussi que la durée d'une thérapie est imprévisible. Parfois une seule séance suffit, parfois il en faudra plus. Cela dépend du patient, de sa personnalité, de ses problèmes, de ses motivations, etc. Néanmoins, les thérapies les plus longues ne dépasseraient pas 20 séances.

Chapitre 9

Quelles belles histoires, pour garder espoir !

V oici de jolies histoires vécues. Elles ont parfois été tirées d'un merveilleux site Internet, La Passerelle (http ://membres.lycos.fr/passrele/), avec l'accord de leur auteur. Elles viennent sinon directement de femmes que j'ai rencontrées. Ces histoires font du bien et permettent de garder espoir ! A lire et à relire…

LOU & GREG, FRANCE, JUIN 2005

La victoire au bout de la course

Je me décide aujourd'hui à vous livrer mon parcours du combattant, comme on dit. Quand je lis tous vos parcours les larmes coulent, il y a tellement de sentiments que je connais par cœur, je vous comprends tellement.

Alors voilà, en juillet 2002, nous décidons mon homme et moi de fonder une famille, avec l'idée que notre amour va faire venir ce bébé très vite. Mais rapidement, j'ai un drôle de sentiment. J'ai des cycles à rallonge, et je suis convaincue que j'ai un problème. Mais j'étais quand même loin de savoir ce qui allait nous arriver.

Au bout de six mois, je consulte une première fois, comme vous toutes. On me dit que je suis jeune et qu'il faut laisser le temps. Oui, chef! Je m'exécute et laisse passer une année sans trop m'inquiéter. Nous vivions au jour le jour et le désir d'enfant n'était pas encore omniprésent. Je ne pleurais pas encore, même si je m'inquiétais un peu.

Au bout d'un an, nous consultons « vraiment ». La batterie d'examens est lancée, hystérographie (hum... pas très agréable, n'est-ce pas?) et puis tout le reste, échographie pelvienne et spermogramme pour monsieur.

Le verdict n'est vraiment pas terrible. Pour moi : dysovulation (ovulation irrégulière) et trompe droite bouchée. Pour lui : quasi azoospermie (seulement dix spermatozoïdes dans le spermogramme). Une belle équipe de bras cassés! Là, on commence vraiment à flipper, le ciel nous tombe sur la tête, les larmes commencent à monter.

Le temps de digérer tout ça, et une biopsie testiculaire est déjà programmée pour monsieur, afin de voir s'il y a des spermatozoïdes dans les bourses; quant à moi, un curetage pour déboucher ma trompe. Les deux interventions sont faites quasi en même temps. De mon côté, tout se passe bien, ma trompe est débouchée et tout va bien, un petit traitement et mes problèmes d'ovulation seront résolus. Par contre, pour lui c'est la véritable catastrophe, le verdict est sans appel : azoospermie, il faut passer par un donneur ou adopter!

Là, je commence à sombrer. Je ne sais pas vers quelle direction me tourner, je pleure, je pleure et mon homme se sent coupable. L'horreur. Après beaucoup de réflexion et de discussions ensemble, nous décidons de faire appel à un donneur : nous ferons une insémination avec donneur!

Mais trois mois plus tard, lors de notre inscription au Cecos (banque de sperme), nous découvrons des spermatozoïdes dans un spermogramme de contrôle. Le médecin est horrifié par le comportement du chirurgien qui a pratiqué la biopsie ! C'est une erreur de diagnostic : mon homme n'a pas d'azoospermie mais une oligoasthénospermie extrême – trop peu de spermatozoïdes et ne se déplaçant pas correctement – (bon, bien sûr, ce n'est pas terrible non plus, mais pour nous c'est l'espoir qui renaît d'avoir un enfant ensemble !).

Nous reprenons donc rendez-vous à notre clinique de fertilité et énonçons le problème. Là, confirmation de pathologie, mon homme a bien une OATS extrême, nous allons donc faire des FIV-ICSI et allons enfin réaliser notre rêve. Enfin, je l'espérais…

- **Janvier 2005**

Première FIV-ICSI. Nous sommes plein d'espoir et sûrs que c'est notre solution ! 27 ovocytes, 10 embryons, 2 transférés et 2 seront congelés.

Résultat 12 jours plus tard : négatif. L'horreur, je n'ai jamais été si malheureuse. Je fais une minidépression, je pleure très souvent, je n'ai envie de rien, les grossesses des autres me rendent si triste, je veux y arriver moi aussi.

Je remonte en selle très vite en faisant un transfert d'embryons congelés (TEC) de deux embryons. Résultat : encore négatif. Là aussi, je le prends mal, mais nous partons nous évader au soleil pour 10 jours, tous les deux en amoureux.

Nous sommes ensuite en route pour la 2ᵉ FIV-ICSI. On me dit que je suis jeune, que j'ai toutes mes chances pour ce 2ᵉ essai. Quatre mois après la 1ʳᵉ tentative, nous faisons donc la 2ᵉ FIV-ICSI en mai 2005, là encore, tout se passe bien au niveau de la stimulation : 15 ovocytes, 7 embryons, 2 transférés et 0 congelé. Un peu déçue de ne pas avoir d'embryons congelés, mais je me concentre sur ma FIV.

Résultat : négatif. Je suis si triste, c'est encore raté. Rendez-vous avec le biologiste pour un débriefing sur l'échec : rien à signaler, tout va bien, les embryons sont nombreux, tout se passe bien, mais il n'y a pas de grossesse. Bref. Pas de réponse.

• **Septembre 2005**

Me revoilà. Encore quatre mois de pause. La patience n'a jamais été une de mes qualités mais, bien sûr, on n'a pas le choix. Par contre, en quatre mois, une chose a changé dans notre vie : nous avons un projet qui nous remplit de bonheur, nous voulons adopter. Nous avons assisté à la première réunion et nous sommes sur le point de renvoyer le dossier. Une page nouvelle s'ouvre à nous, un nouvel espoir.

En parallèle, nous continuons les FIV. Je commence mes piqûres demain pour la troisième tentative. Je n'ai pas du tout, mais pas du tout fait mon deuil de la grossesse, je vais donc encore m'acharner quelque temps ! J'espère que le bonheur n'est plus très loin. Je mise beaucoup sur cette 3e tentative qui se fera cette fois avec un transfert de blasto-cyste (un embryon qui a déjà cinq jours et qui, selon les statistiques, a plus de chances de s'implanter).

D'ailleurs, j'ai commencé à « préparer » cette FIV deux mois avant. Je mange maintenant très équilibré, de préférence bio ; je me bourre de vitamines ainsi que mon mari… Je veux mettre toutes les chances de notre coté, même si je ne suis pas sûre que ça changera les choses !

J'ai même préparé cette tentative de FIV avec un ostéo-pathe, qui moralement et physiquement m'a fait beaucoup de bien… Je vous dis donc à très bientôt avec les résultats de cette 3e FIV.

- **Avril 2006**

Comme promis à tous, je viens vous donner de mes nouvelles de ma 3e FIV.

Encore une fois, j'ai eu la chance de bien réagir à la stimulation : toujours beaucoup d'ovocytes à l'arrivée, ce qui est un sacré poids en moins !

Le jour de la ponction, 17 octobre 2005, 16 ovocytes ont été ponctionnés. Nous rentrons à la maison, pensant que le transfert se ferait, comme prévu, cette fois-ci à J+5. Mais trois jours plus tard, le labo nous appelle en nous disant qu'il faut venir tout de suite, car il ne reste que deux embryons sur les sept qu'on avait, et qu'ils ne veulent pas prendre de risque de les laisser au labo encore deux jours ! Très déçue, je pars pour la clinique et mon gynécologue me transfère les deux embryons restant....(je croyais vraiment à ce transfert à J+5 !).

Puis les 12 jours interminables commencent...

Je ne me prive de rien, contrairement aux FIV précédentes : je vais travailler, je sors, je prends l'apéritif et je fume même quelques cigarettes !

Au bout de neuf jours, j'ai des saignements. Autant dire que c'est encore une fois fichu, et je commence donc à en vouloir à la terre entière, comme d'habitude.

10e jour, encore des saignements...

11e jour, toujours des saignements. Mais je ne sais pas pourquoi je me sens bizarre. Je sens que c'est bon, je n'arrive pas à l'expliquer...

Le 12e jour, jour de la prise de sang, je pleure, sans le vouloir ; je suis ultrasensible. En arrivant au labo pour la prise de sang, je suis entourée de deux femmes, l'une d'elles a un parfum que je ne supporte pas, il me donne la nausée...

277

Je ne sais pas pourquoi, mais je suis sûre que je suis enceinte, et je pleure, je pleure…

14 heures, heure prévue pour appeler le labo, j'appelle, je donne mon numéro et là, au lieu de demander si c'est positif ou négatif, je demande directement mon taux d'hCG (hormone de grossesse), et là, paf : 309 ! Je suis enceinte ! Moi et mon mari on se jette dans les bras l'un de l'autre, on est si heureux, on pleure…

Plus tard, à la 1re échographie, nous apprenons que les deux embryons avaient pris, mais l'un d'entre eux a cessé son développement. J'ai donc fait une fausse couche et j'ai saigné pendant six semaines…. Mais nous étions tellement heureux quand même ! Car cette partie de la grossesse ne fut pas douloureuse, c'était comme ça, c'est tout…

Aujourd'hui, j'attends ma fille avec impatience, j'ai hâte de la serrer dans mes bras, elle est notre victoire ! À l'instant où je vous parle, elle me donne des coups et je la caresse à travers mon ventre…

Et finalement, notre couple est encore plus fort ! Nous avons su résister à la détresse de ce parcours !

MARIE-FRANCE ET CLAUDE, CHAMBLY, QUÉBEC
En suivant leur chiffre magique

Quand j'ai eu 28 ans, et mon conjoint 30 (après 10 ans d'amour, déjà !), nous avons commencé à essayer d'avoir un bébé. Puis cinq ans après, bébé ne venant toujours pas, nous avons décidé de consulter. Diagnostic : du côté de mon mari, tout allait bien, mais de mon côté, une endométriose sévère, avec les deux trompes bloquées. Je n'ai été qu'à moitié surprise, car mes deux sœurs faisaient de l'endométriose, l'une d'elles ayant même subi une hystérectomie. Mais, bien sûr, j'ai été très déçue. Je me suis donc tournée vers la FIV, qui était la seule solution. C'était en 2000. On a passé tous les tests, puis commencé le traitement. Ils ont obtenu trois embryons et ont implanté les trois, mais cela n'a pas fonctionné. Puis on a recommencé un an après. Cinq embryons obtenus, trois embryons implantés. Un embryon s'est implanté, miracle! Nous sommes allés à l'échographie de la 6e semaine, tout était beau. Mais, à 12 semaines, les médecins se sont rendus compte que l'embryon avait cessé de se développer, probablement depuis une semaine auparavant. Mais à cause des médicaments que je prenais, je n'avais pas pu rejeter l'embryon.

Quatorze mois après, j'ai été à nouveau enceinte. Cette fois-ci naturellement. Des jumeaux. Mais je les ai perdus à 12 semaines également, à cause de malformations (l'un avait des problèmes de vessie, et l'autre avait probablement le spina-bifida). Personnellement, je crois que des médicaments pourraient être en cause : j'en ai pris en tout début de grossesse à cause d'une grosse grippe, alors que je ne savais pas que j'étais enceinte (je ne m'attendais tellement pas à être enceinte naturellement!). Mais personne ne le saura jamais vraiment.

A partir de ce moment-là, nous savions que je pouvais être enceinte naturellement. J'ai donc soigné mes grippes par homéopathie, puis nous avons continué à essayer de concevoir. Et 14 mois plus tard, autour de mars 2004 : retard de règle, et test de grossesse positif! Nous étions très heureux! Même si c'est vrai que jusqu'à 12 semaines, nous avons pris ça «calmement»…

Ma fille est arrivée le 12 janvier 2005. Puis, après cela, j'ai eu comme une pensée magique que ça n'arriverait pas tout seul. Donc je n'ai pas repris de contraception. Et on s'est

279

dit que, de toute façon, même si nous voulions d'autres enfants, ça n'arriverait pas tout de suite.

Mais, 14 mois plus tard (comme vous le voyez, c'est un chiffre magique pour nous !), j'accouchais de nouveau ! Mes enfants ont donc 14 mois d'écart. C'est un merveilleux petit garçon, né le 5 mars 2006.

HÉLÈNE ET ALEXIS, HAZEBROUCK, FRANCE
Un petit miracle pour Noël

Nous nous sommes mariés, Alexis et moi, en août 2000. Nous avions alors 27 ans. Notre projet de fonder rapidement une famille était décidé depuis quelque temps, d'où l'arrêt de toute contraception juste avant le mariage. Les mois passaient, et rien ne venait. À chaque cycle, la même déception. J'ai donc décidé de consulter un gynécologue en PMA (procréation médicale assistée), et nous avons commencé la batterie habituelle d'examens : échographie, spermogramme, hystérographie, le tout suivi de la prise de température matinale.

Les résultats étaient bons, les courbes normales, avec une ovulation aux alentours du 15e jour. Donc, on m'a dit d'attendre encore. Tout de suite, votre entourage vous parle de blocage psychologique ! Je continuais néanmoins à chaque cycle à souffrir de fortes douleurs menstruelles, et de saignements abondants. Mais la plupart du temps, lorsqu'une femme se plaint de ce genre de symptômes, on la regarde d'un air condescendant...

À force d'insister et de me plaindre, mon gynécologue a décidé de me refaire une échographie, endovaginale cette fois. C'est là qu'on a découvert un énorme polype utérin qui occupait la quasi-totalité de mon utérus. Ceci nécessitait un acte chirurgical. Un rendez-vous fut donc pris avec un chirurgien en obstétrique, puis une date pour réaliser une cœlioscopie.

Au réveil de cette opération douloureuse, le chirurgien, une femme pourtant, me rend visite, et m'annonce sans ambages et de manière très brutale le compte rendu opératoire : j'ai une endométriose. Ma trompe gauche, totalement nécrosée par les nodules, est définitivement perdue, et la droite très sévèrement endommagée. Elle m'explique que je ne pourrai pas concevoir d'enfant naturellement, sur le même ton que si j'avais un cors aux pieds. Elle me conseille de prendre rendez-vous avec mon gynécologue pour parler du suivi en PMA.

J'ai mal, j'ai froid. Je reste seule dans ma chambre, choquée et désemparée. Aucun soutien psychologique ne m'a bien sûr été proposé. Mon mari travaille, il ne sera là que plusieurs heures plus tard.

Puis, à nouveau l'attente, car pour obtenir un rendez-vous en clinique de fertilité, il faut compter au minimum trois mois. Et la série des inséminations a débuté.

Pourquoi commencer par ça, plutôt que de tenter tout de suite une FIV? Je ne comprends pas. Mes trompes ne sont-elles pas complètement bouchées? Non, à 95 % seulement... donc il faut suivre le protocole!

Devant quatre échecs successifs, la décision est enfin prise de passer à l'étape supérieure, car l'endométriose s'aggrave, pendant ce temps-là. Nous sommes en juin 2003. Le traitement est lourd, contraignant, et douloureux. Piqûres d'abord chaque soir à la maison (j'ai appris à me les faire toute seule), puis au bout de 15 jours environ, suivi à l'hôpital tous les matins pour une prise de sang et une échographie endovaginale, dès 7 heures. La file d'attente est telle qu'on nous demande de prendre un ticket en arrivant, comme au rayon charcuterie du supermarché. Nous habitons à 60 km de la clinique de fertilité. Pour espérer passer sans trop d'attente à l'échographie, il faut arriver vers 6 h 15. Imaginez le départ matinal…

Le traitement est mal dosé, j'ai des nausées épouvantables, des malaises. Personne ne me prend au sérieux. Je ne mange quasiment plus, mon corps m'échappe. J'ai le ventre énorme, gonflé, à cause de mes ovaires surdimensionnés.

Les congés d'été approchant, fin juillet, on décide de déclencher l'ovulation pour pratiquer la ponction. C'est trop tôt, mais ça je ne le comprendrai que plus tard.

Vingt-quatre heures après cette ponction, on m'annonce au téléphone, que sur les 12 ovocytes ponctionnées, seuls deux ont donné des embryons. Quelle déception ! Tout ce long traitement pour ce maigre résultat ! Bon, il y a un espoir quand même. On m'implante les deux embryons, et une nouvelle attente de 10 jours commence. Et le verdict : l'échec. La prise de sang est négative, absence de grossesse. Ce résultat m'est annoncé froidement, par téléphone. On ne me propose même pas un autre rendez-vous.

Il nous a fallu un certain temps pour digérer cet échec. J'ai continué à suivre la psychothérapie que j'avais commencée, pour d'autres raisons, mais qui m'a bien aidée à ce moment-là. On me conseille de changer de clinique de fertilité, de partir vers le domaine privé. Onéreux, mais à échelle humaine, avec une vraie écoute des patients.

Nous rencontrons notre nouveau spécialiste en octobre 2003. En étudiant notre dossier, il met le doigt sur toutes les négligences du centre public. Puis un rendez-vous est fixé en janvier 2004, pour commencer le traitement de la 2e FIV. C'est long, mais il y a tellement de demandes…

Début janvier, quelques jours avant ce rendez-vous, une chose étrange se passe : j'ai du retard dans mon cycle. Inhabituel chez moi. Étonnement : que se passe-t-il ? Quel est ce nouveau problème ? Mon mari achète un test de grossesse, sans vraiment y croire. Le test est positif ! Par quel miracle ? Nous allons donc au rendez-vous, et j'explique ce phénomène au spécialiste, qui est assez dubitatif. Il me fait immédiatement une échographie, et dans la joie et les larmes, nous réalisons que oui, au bout de trois ans et demi d'attente, il y a bien un début de grossesse ! Le médecin nous annonce avec un doux sourire : c'est un petit miracle de Noël.

Après une grossesse un peu difficile du point de vue psychologique, car j'étais dans la crainte perpétuelle qu'un malheur arrive, Armand est né le 8 septembre 2004. Je l'ai allaité 18 mois, pour notre plus grand bonheur à tous les deux. Et nous venons de lui annoncer, il y a quelques semaines, la venue prochaine de son petit frère, pour la fin du mois d'août !

MARIE-JOSÉE ET ALAIN, LONGUEUIL, QUÉBEC
Deux petits amours pour le prix d'un

Nous nous sommes connus, mon conjoint et moi, à l'âge de 14 ans. On a fait nos études ensemble, puis nous nous sommes mariés à 21 ans.

On s'est ensuite beaucoup consacrés à notre début de carrière, tous les deux. Donc on a repoussé le temps de faire un bébé. Moi je ne voulais pas avoir d'enfant au moins avant l'âge de 30 ans ! Je voulais d'abord stabiliser mon emploi. Ce qui fut fait, et à 26 ans, j'ai arrêté tout contraceptif. Puis cela a mis longtemps à venir.

Alors, vers 33 ans, nous avons essayé « activement » de concevoir. J'ai consulté mon médecin, qui n'a rien trouvé de particulier, et m'a conseillé d'essayer naturellement encore un an. J'ai fait des courbes de température, des tests d'ovulation ; bref, j'ai essayé tous les outils « naturels » possibles ! Mon ovulation était régulière, mais cela ne venait pas.

Un an plus tard, comme convenu, je suis retournée voir mon gynécologue. C'était en 2000. Nous avons fait tous les examens classiques : tout allait bien. On a commencé les traitements de fertilité. Nous avons choisi l'insémination, trois fois d'affilée sur six jours. Puis on l'a fait une seconde fois. Donc six inséminations en tout, en cycle naturel. Mais cela n'a pas marché.

Donc on m'a dit : « C'est une infertilité inexpliquée ; on ne peut rien faire pour vous. » De mon côté, je ne voulais pas me lancer dans une FIV, ni prendre d'hormones. J'avais vraiment un problème d'éthique par rapport à tout cela. Je ne voulais pas forcer la nature à ce point là. Donc, les inséminations, c'était une façon de donner un coup de pouce, mais je ne voulais pas aller au-delà.

On a alors pris la décision d'adopter. C'était quelque chose que je voulais depuis longtemps puisque, même si je tombais enceinte, j'avais l'intention d'adopter. Ma sœur a adopté deux enfants asiatiques, et pour moi, ça allait de soi. Mon conjoint, comme tous les hommes, était un petit peu moins décidé, mais il a embarqué dans l'aventure. Surtout, il respectait mon choix, parce que c'était moi qui devrais subir le traitement si l'on allait vers la FIV ; et lui non plus, d'ailleurs, n'avait pas envie de cela. On a donc lancé les démarches d'adoption en mars 2001.

On est allés chercher notre fille en juillet 2002, dans la province de Hunan, en Chine. Elle avait huit mois et le lien d'attachement a mis six mois à se faire.

Une fois le lien d'attachement fait, et alors que j'étais en plein bain d'amour avec elle, je suis tombée enceinte en janvier 2003. Miracle !? Nous étions complètement sonnés. C'est curieux, parce que je n'ai pas été vraiment heureuse au premier abord. J'étais trop déboussolée. C'est un peu comme si je venais d'accoucher et qu'on m'annonçait que j'étais de nouveau enceinte, alors que je me lançais dans les démarches pour effectuer une nouvelle adoption.

Malgré un prurit de grossesse (forme d'eczéma sous-cutané) qui s'est déclenché au bout de sept mois, la grossesse s'est bien passée. Mais l'accouchement a été long et s'est finalement soldé en césarienne après plus de 22 heures de travail. Notre fille pesait 8 livres à la naissance ! Une vraie petite boule de poils avec énormément de cheveux.

Le lien maternel a été très fort, mais je ne suis pas «tombée en amour» tout de suite. Je me l'explique mal. Peut-être était-ce en raison du chamboulement de cette naissance ou de la relation que j'établissais avec ma fille adoptive, qui se voyait d'un coup bousculée. À cinq mois de grossesse, j'avais d'ailleurs décidé de consulter une psychologue en post-adoption, afin qu'elle me donne quelques outils, notamment pour que la première accepte bien l'arrivée de la deuxième. Parmi ces bons conseils, la psychologue m'avait dit : «La première est au même stade affectif que la deuxième; alors considérez-les comme des jumelles.» Ce conseil m'a beaucoup aidé.

Finalement, en un peu plus d'un an, nous nous sommes retrouvés avec deux bébés au biberon ! Aujourd'hui, ce sont deux petites filles de 4 et 2 ans, qui s'entendent merveilleusement bien, qui rigolent, et qui font les mêmes petits coups. Elles sont très complices.

Bibliographie

BUTRUILLE, Christophe et Jean, Miguel, *Le Guide de la fécondation in vitro,* coll. Bibliothèque de la famille, Paris, Albin Michel, 2003.

CHATEL, Magdeleine, *Malaise dans la procréation. Les femmes et la médecine de l'enfantement,* Paris, Albin Michel, 1998.

COHEN, Brigitte-Fanny, *Un bébé mais pas à tout prix. Les dessous de la médecine de reproduction,* Paris, J'ai Lu, 2004.

FRYDMAN, René, Rufo, Marcel, et Schilte, Christine, *Désir d'enfant,* coll. Référence pratique, Paris, Hachette, 2006.

FRYDMAN, René, *L'Assistance médicale à la procréation,* coll. Que sais-je?, Paris, PUF, 2004.

JÉRONYMIDÈS, Elisabeth, *Elles aussi deviendront mères. Des femmes qui se sentent stériles,* coll. Poche, Paris, Payot, 2004.

JULIENNE, Marina, *Un bébé à tout prix,* Paris, Mango, 2001.

KOEPPEL, Béatrice, *La Vie qui revient : dans un service de fécondation in vitro,* Paris, Calmann-Lévy, 2000.

TESTART, Jacques, *La Procréation médicalisée,* coll. Dominos, Paris, Flammarion, 1993.

TESTART, Jacques, *L'Œuf transparent,* Paris, Flammarion, 1986.

VARGO, Julie et Regan, Maureen, *A few good eggs : two chicks on overcoming the insanity of infertility,* États-Unis, Regan Books, 2005.

Cet ouvrage a été composé en New Baskerville
et achevé d'imprimer sur les presses de
Quebecor World L'Éclaireur/St-Romuald, Canada, en septembre 2006.